让·富盖（Jean Fouquet）《上帝的右手保护信徒不受恶魔侵犯》（约1452—1460年），绘制在羊皮纸上的带金箔蛋彩画。远处的巴黎圣母院清晰可见。

图片来源：布里奇曼图像（BRIDGEMAN IMAGES）

　　弗朗索瓦·杜比斯（François Dubois）《圣巴托罗缪大屠杀》（约1572—1584年），板上油画。1572年8月，新教徒、后来继任法国国王的亨利四世与瓦卢瓦的玛格丽特举行婚礼几天后，天主教徒对新教徒展开了大屠杀。

　　图片来源：莱纳德·德·赛尔瓦(LEONARD DE SELVA)／布里奇曼图像(BRIDGEMAN IMAGES)

Comme le Roy alla incontinent à l'Eglise de noftre Dame rendre graces folennelles à Dieu de ceſte admirable reduction de la ville Capitale de fon Royaume.

1594 年 3 月 22 日，已成为法国国王的亨利四世时隔 22 年再次进入巴黎城。让·莱克勒（Jean Lecler）的这幅版画描绘了亨利四世正在前往巴黎圣母院参加弥撒仪式。

图片来源：G. 阿格里·奥利蒂（G.AGLI ORTI）/ 阿戈斯蒂尼图库（DE AGOSTINI PICTURE LIBRARY）/ 布里奇曼图像（BRIDGEMAN IMAGES）

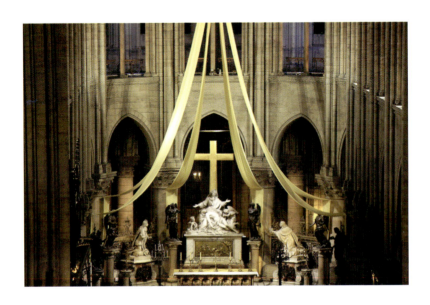

巴黎圣母院的唱诗堂和圣母怜子像（1723 年），主要由雕塑家尼古拉斯·库斯托创作而成。

图片来源：布里奇曼图像（BRIDGEMAN IMAGES）

奥古斯特·克里斯蒂安·弗莱施曼（Auguste Christian Fleischmann）《1793年11月10日圣母院大教堂理性女神庆典仪式》。

图片来源：布里奇曼图像（BRIDGEMAN IMAGES）

雅克-路易·大卫《拿破仑加冕礼》（局部），布上油画。
图片来源：布里奇曼图像（BRIDGEMAN IMAGES）

　　维克多·雨果的藏书票（bookpalte），由欧内斯特·阿格拉乌斯·布凡尼（Ernest Aglaüs Bouvenne）雕刻制作。
　　图片来源：法国国家图书馆（BIBLIOTHÈUE NATIO-NALE DE FRANCE）

FAÇADE OCCIDENTALE

　　维奥莱－勒－杜克 1843 年绘制的圣母院大教堂西立面
修复计划效果图，纸上铅笔和水彩画。
　　图片来源：维德（VED）／布里奇曼图像（BRIDGEMAN
IMAGES）

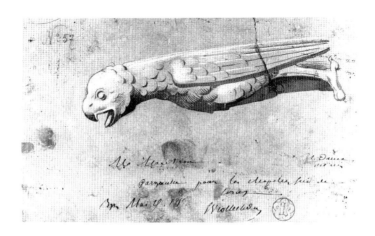

　　维奥莱-勒-杜克1855年绘制的巴黎圣母院滴水嘴兽修复图样，纸上钢笔与墨水画。

　　图片来源：魅力档案馆（ARCHIVES CHARMET）/ 布里奇曼图像（BRID-GEMAN IMAGES）

巴黎圣母院西立面怪兽走廊上修复后的怪兽雕塑。

图片来源：阿利纳里（ALINARI）／布里奇曼图像（BRIDGEMAN IMAGES）

　　杜尔哥（Turgot）《1793 年巴黎地图》中的圣母院，大教堂前面的街道
狭窄难行。

　　图片来源：AKG 图像（AKG IMAGES）

　　奥斯曼男爵及其继任者完成"清理"和重建西岱岛计划之前的主宫医院、由查理·马尔维尔（Charles Marville）拍摄于1874年。

　　图片来源：巴黎市（VILLE DE PARIS）/ BVHP

　　这张1894年的照片显示了在"清理"和重建西岱岛之后，巴黎圣母院西门外形成了一个更大的前院广场。

　　图片来源：阿拉米（ALAMY）

1944 年 8 月 26 日，戴高乐抵达圣母院参加庆祝巴黎解放的感恩赞仪式，狙击手开枪暗杀戴高乐前的那一刻。

图片来源：阿多克图片（ADOC-PHOTOS）／科比斯维亚盖蒂图片社（CORBIS VIA GETTY EDITO-RIAL）

1956 年电影《钟楼怪人》中的吉娜·劳洛勃丽吉达（饰艾丝美拉达）和安东尼·奎恩（饰卡西莫多）。

图片来源：AKG 图像（AKG IMAGES）

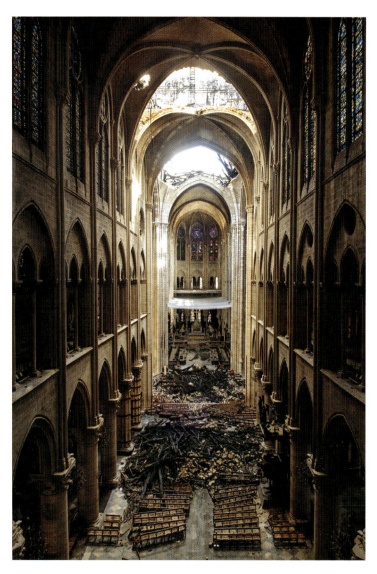

火灾后的巴黎圣母院中殿(2019年)。

图片来源：© 托马斯·瓜克（THOMAS GOISQUE）

Notre-Dame
The Soul of France

法国之魂

巴黎圣母院的前世今生

[法] 阿涅丝·普瓦里耶 (Agnès Poirier)◎著
张恒杰◎译

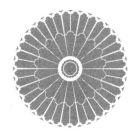

中国友谊出版公司

图书在版编目（CIP）数据

法国之魂 /（法）阿涅丝·普瓦里耶著；张恒杰译
. — 北京：中国友谊出版公司，2021.1

ISBN 978-7-5057-5018-0

Ⅰ.①法… Ⅱ.①阿… ②张… Ⅲ.①巴黎圣母院 –
介绍 Ⅳ.① K956.57

中国版本图书馆 CIP 数据核字 (2020) 第 202396 号

著作权合同登记号　图字：01-2020-6917

书名	法国之魂
作者	[法] 阿涅丝·普瓦里耶
译者	张恒杰
出版	中国友谊出版公司
发行	中国友谊出版公司
经销	新华书店
印刷	河北鹏润印刷有限公司
规格	880×1230 毫米　32 开
	8.5 印张　16 彩插　137 千字
版次	2021 年 1 月第 1 版
印次	2021 年 1 月第 1 次印刷
书号	ISBN 978-7-5057-5018-0
定价	58.00 元
地址	北京市朝阳区西坝河南里 17 号楼
邮编	100028
电话	(010) 64678009

我从未有过这种感觉……

我从未见过什么事物能如此直抵人心且庄严肃穆。

——西格蒙德·弗洛伊德（Sigmund Freud）

1885 年 11 月 19 日写给未婚妻玛莎（Martha）的一封信

对于圣母院，只远观或近看都是远远不够的，必须要身居其中、朝日相处、用心体悟。她是上帝在尘世的居所，她是我们的庇护之地。

——保罗·克罗岱尔（Paul Claudel）

法国著名诗人、剧作家，1951 年

献给我敬爱的嘉兰丝女士

序　言

巴黎圣母院失火当晚的种种情状，万花筒般在脑海中不时闪现，令我至今思绪难平。那晚，透过厨房的窗户，我清晰地看到，一阵阵亮黄色的烟雾直冲云霄，随之烟尘翻滚着冲下阶梯，一直蔓延到都尔奈勒码头（quai de la Tournelle）。从屋顶蹿出来的橙红色火舌，舔舐着圣母院南面的玫瑰花窗，散发着诡异的凄美。聚集在圣母院附近的围观民众，目睹眼前这幅烈火惨景，目瞪口呆、悲痛欲绝，流着眼泪默默地为她祈祷。此时，如同战地外科医生奔赴战场一样，消防员开始集结，在火灾现场，到处都是喷射的消防水管，宛如巨蛇在火中翻腾，然而却回天无力。远远望去，燃烧的中世纪巨石墙体宛如红宝石，与皇室蓝的天空交相辉映，触目惊心。中央尖塔（spire）已然成为燃烧的火炬，即将坍塌。西立面（正立面）北侧塔形钟楼也升腾起滚滚黑烟。众人既悲伤又无助，无奈地意识到一个大家都不愿意接受的现实："我们的女士"[1]将要离我们而去。

---

1. Our Lady，即圣母玛利亚。——译者注

我们需要一些精神象征，它们是法兰西民族生存的精神依托，是指引我们勇往直前的路标，借此，我们的民族才能历经千百年苦难的磨砺和涤荡而屹立不倒。巴黎圣母院就是其中的代表，它在850年间一直都是法兰西民族的心灵依托和精神慰藉。2019年4月15日夜的大火，以令人震撼的方式警醒世人：历史不应被遗忘，倘若圣母院都能在众目睽睽之下坍塌，那么法兰西的民族精神——民主、和平、博爱——也并非固若金汤。翌日上午，在巴黎的一些小学，心理学家受邀莅临，为学生做心理辅导，纾解孩子因火灾引发的心灵创伤。看来这些人已然深刻地领悟到民族精神象征的内涵和意义。许多学生把从阳台和人行道上捡拾到的焦黑的木块碎片装进小塑料袋，随身携带。父母告诉孩子，这些木块来历不凡，最早有可能是十字军东征时期的。况且值得庆幸的是，圣母院并未完全烧毁，主体结构幸免于难。然而，这些话语或许能够宽慰孩子，但我们自己的内心，何以宽慰？

　　是夜，当最早一批火灾现场照片出现在社交网络和电视画面上时，全世界与我们同在，震惊、惋惜、悲伤、安慰等种种情感从四面八方涌入巴黎塞纳河（Seine）上的小岛——西岱岛（Île de la Cité，法兰西民族的发源地）。就像历史上类似的重要时刻一样，我们法国人在悲痛中抛下分歧，团结一心。

　　为什么我们会如此心痛？

　　巴黎圣母院意义非凡。长久以来，她不单是一座主教座堂、一个天主教徒的礼拜场所、一尊彩绘玻璃可追溯至 13 世纪的庄严雄美的文物。她更是人类建筑史上的伟大丰碑，是法兰西文明的象征，是法兰西民族的灵魂。这座典型的哥特（Gothic）建筑，汲取中世纪艺术的精粹，并融入了浪漫主义的元素。她兼具宗教与世俗的职能，不论是信徒还是无神论者，基督徒抑或异教徒，只要走入教堂，其倾诉忏悔或者寻求避难的诉求都能得到满足。

维克多·雨果（Victor Hugo）及其名著令"圣母"成为世人皆知的女英雄，圣母院告别了此前两百多年间的残破不堪、沉寂萧索。19 世纪 60 年代，在熟谙中世纪建筑艺术的欧仁·维奥莱－勒－杜克（Eugène Viollet-le-Duc）的主持下，对圣母院进行了大规模的修复和重建，于是，从中世纪以来匠人们就不断设想却从未实现的教堂最高那座尖塔，便完美地呈现在世人面前，重现了圣母院久违的光彩。20 世纪，借助摄影与电影等新艺术形式，卡西莫多（Quasimodo）和艾丝美拉达（Esmeralda）的凄婉故事牵动人心，教堂西立面那些可怕的滴水嘴兽（gargoyles，怪兽状滴水嘴）也变得可爱起来，圣母院的形象变得有血有肉，成为广受普罗大众欢迎的偶像。正是世人对圣母院这种深沉的爱，才让这个具有灵性的哥特大教堂，几百年间一直屹立不倒，庇佑了一代又一代人。

正因她美得不可方物，世人才会为她的损毁而觉得惋惜心痛，难以接受。经过持续 1000 多年的修缮和重建，圣母院举世无双、精致壮观。她的美是多层次的，在一千个人眼中有一千种的美。站在大主教桥（pont de l'Archevêché）上，徘徊于塞纳河左岸（Left Bank）大教堂飞扶壁巨大的阴影中，或者向东走到都尔奈勒桥（pont de la Tournelle）中间，你能清晰地感受到圣母院好似巨舰法兰西号雄伟的船头一样。从圣路易岛（Île Saint-Louis）的奥尔良码头（quai d'Orléans）远眺，圣母院恰好突出于塞纳河的河堤线上。如果你走到大教堂正门的前院（parvis），一定会为眼前精美绝伦的玫瑰花窗和肃穆的双子塔楼所震撼。还有很多人喜欢徜徉于圣母院对面的蒙特贝洛滨河路（quai Montebello），或者逛一逛旁边的莎士比亚书店（Shakespeare & Company），每个人都能各得其所，有所收获。

巴勃罗·毕加索（Pablo Picasso）尤其喜欢圣母院后花园的风景。1945 年 5 月 15 日，一位斗牛爱好者询问著名摄影师布拉赛（Brassaï）："你有没有从后方拍摄过巴黎圣母院？我特别喜欢维奥莱 - 勒 - 杜克设计的尖塔，很像一支斗牛标枪插在背上！"

笔者最喜欢从比什利街（rue de la Bûcherie）与科尔伯特酒店街（rue de l'Hôtel Colbert）的交汇处，蒙特贝洛码头的中世纪石阶上欣赏圣母院。据说西蒙娜·德·波伏娃（Simone de Beauvoir）1948 年 10 月曾租住在旁边一栋房屋的阁楼里，从那里可以清楚地看到直插云霄的尖塔。你走在巴黎的某条街道上，随意一瞥，就能隐约望到圣母院的身姿，她好像具有魔力一样，吸引你、呼唤你去亲近她。

圣母院之美难以言表。她时看时新，百看不厌，仿佛每一次看到她，都会重新喜欢上她。她挺拔而高远，朴实而高贵，温暖而肃穆，她能令人心生亲切之感，却绝不会萌生亵渎之意。她能将这些看似截然不同的特质并行不悖地融于一身。

钩沉巴黎圣母院的往事，即是探微法兰西的心灵世界。在过去的850年里，圣母院见证了法国的荣耀时刻，也亲历了苦难之时。2019年4月15日，因为人为疏忽她差一点彻底焚毁，在众多奋不顾身而努力灭火的英雄们帮助下，才逃脱此灾厄。

*

本书要致敬莫里斯·德·苏利（Maurice de Sully），这位出身农家的巴黎主教，于12世纪后半期发起并监督了大教堂最初的建造工程；本书也要肯定亨利四世（Henry IV）的重要作用，他深切体悟到，没有巴黎则无王权。为弥合新教徒和天主教徒厮杀争斗30年而造成的分崩离析，亨利四世由新教改信天主教，尊崇圣母院大教堂，这样收拢了多数臣民的忠心，重新建立了一个统一且蒸蒸日上的法国。亨利之子路易十三（Louis XIII）以诏书形式将王国和法兰西的未来奉献给圣母玛利亚。他的儿子，太阳王路易十四（Louis XIV）对圣母院的礼遇有增无减，并依照父王誓约为她修建了一座新祭坛（altar）和几尊雕像，即圣母怜子像（Pietà）和两旁的路易十三和路易十四跪像。

1789 年于罗伯斯庇尔（Robespierre）恐怖统治时期，大教堂的管风琴师机智多变，不再演奏宗教音乐，而换成革命歌曲和马赛曲。一些有头脑的神职人员担心冷酷的无神论者和坚定的共和主义者会破坏太阳王及其父王的雕像，就把它们悄悄地藏匿起来，只留下圣母怜子像。革命分子心存顾忌，只摘取了圣母所戴的金质王冠，未进一步加害于她。西门上方国王廊（gallery of kings of Judah）里的 28 尊古犹太君王的雕塑就没那么幸运了，很多被革命群众砍掉了脑袋。大革命时期，许多教堂充公后改作世俗场所，圣母院也一度改名"理性圣殿"（Temple of Reason）。拿破仑（Napoleon Bonaparte）执政后，简单修缮圣母院，重新恢复其宗教职能，并于 1804 年在此举行皇帝加冕典礼。圣母院重新成为法国公共和政治生活的中心。拿破仑时代很快过去，法国此后陷入几十年的混乱，大教堂无人问津，渐渐衰落破败，褴褛不堪。这为维克多·雨果写作《巴黎圣母院》提供了灵感和素材。

雨果的小说创作于 1830 年七月革命的动荡纷乱时期，生动地描述了桀骜难驯的巴黎市民、教堂敲钟人卡西莫多、美丽的波希米亚女郎艾丝美拉达和深沉阴险的主教代理弗罗洛（Frollo）的曲折故事。小说引人入胜，震动巴黎，并成功引起法国各界对中世纪文化遗产的关注和重新评价。小说出版后不久，法国政府设立了负责文物建筑保护的职位及机构，聘用了一批精通艺术和古建的建筑师，以期恢复其原貌，重现其荣光。

维奥莱-勒-杜克苦心孤诣22年之久，终于恢复圣母院中世纪的典雅风采和恢宏气势。19世纪五六十年代，奥斯曼男爵（Baron Haussmann）受命负责巴黎和西岱岛的扩建和改造工程。他清理中世纪风貌的房舍棚屋，拆毁破烂狭窄的小巷陋街，大教堂愈发巍峨挺拔而肃穆威严。现如今，圣母院耸立于西岱岛东端，卓尔不群，相隔很远就能映入观者的眼帘。

　　圣母院大火当夜，很多巴黎人联想到1944年8月26日，戴高乐将军进入巴黎，步行在香榭丽舍大街（Champs-Elysées），向街道两边欢呼呐喊的200万同胞们致意，最后进入圣母院参加庆祝胜利的感恩赞（Te Deum）仪式。当他从正门走进人头攒动的大殿时，枪手从教堂上方柱廊处向他射击。狙击手想暗杀法兰西的领袖，可是戴高乐毫不畏惧，气宇轩昂地进入中殿，向唱诗堂走去。枪声响起，教堂里的众人纷纷趴伏在大理石地板上，不过看到戴高乐如此镇定无畏，丝毫不受枪击的影响，他们也慢慢地爬起，端坐于座位。《圣母颂》（Magnificat）唱完后，戴高乐将军为群众安全着想，提前结束了庆典仪式，像来时一样步履坚定地离开了教堂。

　　不知道戴高乐会对当下圣母院重建的争议做何感想？大火余烬未灭，法国公众舆论就分裂为对立的阵营，一方想原样复建，另一方想建造一座21世纪当代风格的尖顶。这是谨慎与激进、明智与愚蠢之间的战争吗？大火之后才两天，法国总理爱德华·菲利普（Édouard Philippe）就启动了一项重建尖塔的国际建筑设计比赛。法国总统马克龙（Emmanuel Macron）也重申，在 5 年之内，重建后的大教堂比之前更加壮美。他们的这番言论在社交媒体上激起了各种奇思怪想设计的热潮：水晶式尖顶，屋顶花园，巨大的金色尖顶，游泳池屋顶，玻璃圆屋顶。建筑师们竭尽全力寻求公众的支持，参与国际建筑设计比赛，推广他们为圣母院定制的各式怪诞的设计方案。潘多拉魔盒打开了。

是什么推动法兰西如此激进，迫不及待地重新设计和改建圣母院，并令世界侧目呢？难道我们真的认为所谓的 21 世纪天才们能与中世纪的建筑师匹敌吗？为什么不简单一点，直接恢复至 1865 年维奥莱-勒-杜克所建造的模样呢？灾难与机遇相伴，这次大火正好提供了一个升级改造她周边环境和道路交通的机会，以应对每年涌来的 1400 万游客人潮，之前圣母院四周的状况实在不尽人意。可以在教堂前院的主宫医院（Hôtel-Dieu，现已闲置的一座中世纪医院）建立一座设想很久且非常实用的博物馆。

这场重建圣母院的战争才刚刚开始，之后肯定会愈发激烈。皮诺家族（Pinaults）、阿尔诺家族（Arnaults）和贝当古家族（Bettencourts），这三个法国最富有的家族，承诺捐赠 5 亿欧元用于重建在大火中烧毁的屋顶，公众应该客观中允地评价他们的这一善举。黄背心运动（Gilets Jaunes）抗议人士认为，三大家族更在意的是捐赠所带来的减税优惠，而不是大教堂的命运，他们难道不应该把钱花在活人身上，而非一堆古旧的石头上？烧焦的残垣断壁真的这么重要吗？

本书的写作好似一次奇妙的旅程，从荒凉之地走到静谧之所。2019 年 4 月 16 日，当第一抹粉红色的阳光洒在塞纳河上，我看到圣母院虽然伤痕累累、灰头土脸，可仍然伫立于河畔，心里顿时溢满了感恩和希望。几小时前，当我透过望远镜看到她的彩绘玻璃窗幸存下来时，忍不住挥了一下拳头，心里暗自欢呼和庆幸了起来。

我有幸见到那些拯救圣母院的消防员英雄们；我与数月以来夜以继日、工作不休的专家学者恳切交谈，他们像保姆一样细心照顾圣母院，想方设法，抢险加固其主体结构，仔细检视内外每一寸地方，搜集、整理和标明每一个碎片，以期在重建中再利用；我采访了对修复工作提出建议的相关人士，还与慷慨解囊的捐赠者们面对面畅谈心声；我深入这个忙碌的建筑工地，用心触摸墙壁上的石块；我甚至检测了血铅含量——所有这些让我明白，尽管未来面临重重挑战，但有这么多人热诚地参与庞大的重建计划，大家团结协作，无私奉献，慷慨大方，我们想要再次沐浴在大教堂的荣光中将不是梦。

目 录

CONTENTS

从侧面观赏到的巴黎圣母院，M. 巴尔杜斯（M.Baldus）版画作品。

第一章

2019 年 4 月 15 日，大火当夜

那一夜，我心已死。

——菲利普·维伦纽夫（Philippe Villeneuve）

4 月，巴黎。

表象如常，景色如画：天空澄碧，倩云不染，栗树和樱桃树竞相怒放，花香四溢。在朝阳下，到处是花团锦簇，五彩缤纷，一路而来，好似流动蜿蜒的一条条彩色小河，从蒙特马尔（Montmartre）的高处荡漾至蒙特帕尔纳斯（Montparnasse）的林荫大道，从香榭丽舍大街尽头的杜伊勒里花园（Tuileries Gardens）漂流到圣母院大教堂的小公园。这些地方都是附近学校的孩子们放学后撒欢嬉闹的好去处。2019 年 4 月 15 日，周一，是庆祝复活节圣周（Easter week）的第一天，巴黎人盼望着从周五开始他们 14 天的春假假期。孩子们摩拳擦掌，已经准备好寻找复活节彩蛋了。

这天早上，第 72 届戛纳国际电影节（Cannes Film Festival）的官方海报发布，电影节将于一个月后的 5 月 14 日正式揭幕。今年的海报向阿涅斯·瓦尔达（Agnès Varda）致敬，这位 90 岁的法国著名女导演于 3 月底刚刚去世。海报中的场景出自瓦尔达 26 岁时的一张幕后工作照，在地中海沙滩上一个不稳当的木制平台上，瓦尔达站在一名面无表情的技术人员背上，紧紧抓住摄影机，正在聚精会神地进行拍摄。这张 1955 年的黑白照片，做成了亮橙色的色调。这是对电影艺术和伟大导演的礼赞和颂歌。

此时的巴黎，政局不稳，骚动不断。法国总统马克龙原计划晚上8点向国民发表电视讲话，对"全民大辩论"进行总结，以结束黄背心运动数周以来愈益激进和形式多样的抗议所引发的暴力和骚乱。长达22周的抗议游行席卷法国，巴黎等很多城市的中心一片混乱，狂躁无序。如今抗议运动组织涣散，暴力事件频发，未形成可行和明确的政治诉求，逐渐失去了法国公众的支持和容忍。由此可见，当下的法国需要总统和政府行动起来，吸纳大辩论的共识，改革弊政，挽救法兰西于危机之中。

法国时政评论员和国内外记者都试图探明，马克龙将在讲话中如何总结大辩论，提出哪些改革举措，特别是他能否满足黄背心运动大多数参与者最早期的诉求之一——降低燃油税。政治记者圈子里有一个传闻，马克龙有可能拿法国国家行政学院（École Nationale d'Administration）这个著名的精英学校开刀，关闭这所1945年戴高乐为培养高级公务员而设立的高校。这个消息非同寻常。法国国家行政学院以严格的考试录取学生，以公务员民主招聘体制为目的进行培训和教导，长时间以来成为法国知识界精英的摇篮、贤能主义的代名词。该校学生不需要父母支付学费，政府会在整个学习阶段提供补助。然而，这所学校晚近饱受争议，被认为已蜕化为封闭的权贵子弟学校，以僵化单一的方式选拔国家和世界的未来精英。

西岱岛，法国首都中心的两座岛之一，被称为"巴黎的头颅、心脏和骨髓"，傍晚时分响起了自 12 世纪以来就非常准时的晚祷钟声。此时刚 5 点 45 分，小学的校门外聚集着一群等着接孩子放学的家长，满头是汗、衣冠不整的孩子们马上就会冲出来。在塞纳河左岸圣日耳曼大道（boulevard Saint-Germain）的旁边，与圣母院南面玫瑰花窗相对的莫贝尔广场（place Maubert），有一个伊莎贝拉家（Chez Isabelle）面包店，精心调制和烤焙了巴黎本年度"最佳羊角面包"和"最佳苹果馅饼"。小贪吃鬼们总是急不可耐地蜂拥而入。跑在前边的小朋友能吃到最新出炉的巧克力可颂，父母则会抓紧时间购买一些热气腾腾、香气诱人的长棍面包。隔壁店铺劳伦特·杜比斯（Laurent Dubois）制作的招牌奶酪，也静待顾客挑选。巴黎人习惯了晚餐前突击购物。"你买过面包了吗？""我们有奶酪吗？"，是每天晚上 6 点到 8 点巴黎街头和家里出现最频繁的语句。

这已成为巴黎一道亮丽的风景线：一群美国游客在导游的带领下，进行巴黎美食之旅。他们聚在劳伦特·杜比斯奶酪店的玻璃圆屋顶之下，参观该店琳琅满目、最新的奶酪制品——温柏花香味的羊乳干酪，苹果白兰地酒的康门贝尔奶酪，核桃布里干酪，等等。这群游客仔细聆听关于乳酪历史和品种的简短介绍，然后在店里品尝和购买。巴黎人和与日俱增拥入城市的游客相得益彰，和平共处，早已经习惯了这种生活方式。莫贝尔广场、左岸和圣母院周边等巴黎的很多地区，因大众旅游业的兴起而变得蜂屯蚁聚、比肩叠迹。虽然这带来诸多不便，可是巴黎人和游客有一个心有灵犀之处：对巴黎的爱。他们眼约心期，怡然自得。

在圣母院大教堂内部，这种和谐之处也俯拾皆是。周一傍晚，让－皮埃尔·卡沃（Jean-Pierre Caveau）神父在女高音歌唱家伊曼纽尔·坎帕娜（Emmanuelle Campana）和管风琴师乔恩·威克斯奥（Johanne Vexo）协助下，主持着一场晚祷仪式。与此同时，数百名游客在侧廊(aisles)和回廊(ambulatory)安静地漫步四顾。圣母院大教堂是世界最著名的文化遗产之一，2018 年接待了1400 万蜂拥而至的游客。她每天免费对游客开放，每年举行2000 多台弥撒和庆典仪式。

复活节转眼就到。让－皮埃尔·卡沃吟诵了《诗篇》第 27 篇（Psalm 27）：

上主是我的光明，我的救援，我还畏惧何人？上主是我生命稳固的保障，我还害怕何人？

当恶人前来攻击我，要吃我的肉时，我的对手，我的仇敌，反而跌倒断气。

虽有大军向我攻击，我的心毫不战栗；虽然战争向我迫近，我依然满怀依恃。

傍晚 6 点 18 分，第一次火警警报响起，负责大教堂消防安全的监控室电脑显示器上弹出一条信息——"中殿圣器室区域"（Zone nef sacristie）。然而，此时圣器室阁楼并无火情。监控室的这名保安刚入职才几天，并未被告知该火警系统很复杂且不稳定，他在呼叫另一名保安去检查圣器室无异状后，想当然认为这次警示信息是误报。这样的警报此前出现过多次，特别是在尖塔维护工作开始，到处搭起高高的铁制脚手架之后。6 点 42 分，第二次火警警报响起。

圣母院北边幽静的于尔森街（rue des Ursins），在中世纪一度有着"地狱街"（rue d'Enfer）的恶名，巴黎总教区现任主教代理伯努瓦·德·辛讷提蒙席（Monsignor Benoist de Sinety）就居住于此。他精明强干，保养有方，根本看不出来已经 50 岁了。6 点 42 分刚过，他跨上自己的小型摩托车，正要赶往蒙特帕尔纳斯大道的田园圣母院（Notre-Dame-des-Champs）参加一个祈祷仪式。他骑车穿行在西岱岛狭窄拥挤的街道，从香努内斯街（rue Chanoinesse）转到圣母院修道院街（rue Clotîre-Notre-Dame），经过大主教桥时，他无意中瞥了一眼后视镜，并迅疾刹车，回头便见圣母院烈焰滚滚，火势已经冲破了教堂的屋顶。

*

6点48分，第一个报警电话打进消防队，此时距离保安被告知着火点在屋顶主阁楼而非圣器室已经过去4分钟。保安用了两分钟迅速爬上300级狭窄的石阶，打开门看到的是熊熊火焰的炼狱境况。被称为"森林"（forest），由砍伐于12世纪的1300根橡树梁构成的尖塔肋状屋顶，已经被大火吞没。

在爱丽舍宫（Élysée Palace），总统马克龙已经录制好今晚要播出的全国电视讲话。法国电视台正紧张地针对其讲话制作特别评论节目。火势蔓延非常快。刚开始，黑烟冲破屋顶，像蘑菇云一样直冲云霄，很快橘红色的火光映红了天空。这些照片和视频被路人上传至社交网络，震动了法国和全世界。

19公里外，法国文化部一名主管宗教艺术品的建筑与遗产总监（National Heritage curator[1]）玛丽－海伦·迪迪埃（Marie-Hélène Didier）和巴黎圣母院的主管负责人劳伦特·普拉德（Laurent Prades），刚刚抵达凡尔赛宫（Versailles）。他们应邀参加曼特农侯爵夫人（Madame de Maintenon）专属套间的重开仪式。法国文化部部长弗兰克·里斯特（Franck Riester）也出席了该仪式。历经三年紧张而精心的修复，路易十四的情人与秘婚妻子曼特农夫人于1680年至1715年居住的4个豪华

---

1. 法国遗产保护机构和职位的中文译名不统一，本书译文主要参考了同济大学邵甬教授《法国建筑·城市·景观遗产保护与价值重现》一书中的译法。——译者注

房间即将向公众开放。仪式还没正式开始，在场众人的手机铃声此起彼伏，巴黎城有大事发生。曼特农夫人的房间只得延后和大家见面了。

玛丽-海伦·迪迪埃一边在公文包里摸找汽车钥匙，一边紧急致电文物建筑主任建筑师（chief architect at Historic Monuments）菲利普·维伦纽夫。法国文物建筑委员会现有39名主任建筑师，每人负责重要的、有代表性的国家级历史古迹。维伦纽夫即是其中负责圣母院的主任建筑师。1893年以来，文物建筑委员会采用一系列全面而严格的考试，招募当时最具天赋的艺术史家和建筑师。"在这个时代，要保持一个历史古迹的鲜活生命，需要博学之识、天纵之才、敬畏之心、审慎之举和浩然之气。"他们是法国建筑师中的精英团队。

圣母院属于维伦纽夫，换言之，维伦纽夫属于圣母院。孩童时，他就是一名管风琴音乐迷。当他坐在大教堂木制长椅上，数小时聆听和陶醉于圣母院传奇的驻院管风琴师兼演奏家皮埃尔·葛修候（Pierre Cochereau，1955—1984年在任）即兴弹奏的优美旋律时，这位小天才知道自己找到了人生的真正使命——建筑。巴黎圣母院大管风琴（Grand Organ）是世界上最大的管风琴之一，有5个手键盘、111个音栓和7374个音管。

菲利普·维伦纽夫此时正在法国西南部的夏朗德地区（Charentes），他立即以每小时180公里的车速赶到了最近的火车站——拉罗歇尔站（La Rochelle）。玛丽-海伦·迪迪埃驾车回巴黎就不那么明智和顺利了。她的车行驶到塞纳河右岸（Right Bank），被堵到了卢浮宫（Louvre）到巴黎市政厅（Hôtel de Ville）一带。她频繁地看时间，不停地变换收音机的电台节目，刷着推特（Twitter），希望看到最新的消息。她感到如此的无助和焦急，眼睁睁地远望着圣母院在她右前方熊熊燃烧。

幸运的是，劳伦特·普拉德选择乘坐公共交通工具，搭上了凡尔赛到巴黎的区域快铁（RER）。最快 58 分钟，他就能赶到圣米迦勒—圣母院站（Saint-Michel-Notre-Dame），不过该站因火灾临时关闭，所以他只能在奥赛博物馆站（Musée d'Orsay）下车。他选择骑自行车到达目的地：犹如天助，他正好有巴黎共享单车 Vélib 的骑行卡，可以免费使用每个街道放置点的 Vélib 单车。之后，他必须尽其所能，最快地越过警察设置的警戒线。这位圣母院大教堂的主管负责人不但管理着 60 位职员，而且知道全教堂 100 多把钥匙放在哪里。他还掌握着圣母院所有安保系统的密码：宝库（treasury），半圆形后殿（apse）右后方的"悲伤圣母"（Notre-Dame des Sept Douleurs）礼拜堂的保险柜。圣荆冠（crown of thorns）就放在一个双层防弹玻璃的保险柜中。当 42 岁的劳伦特·普拉德骑着车到达烟尘滚滚和碎片乱飞的教堂时，心里只有一个念想：保护天主教世界最珍贵的宗教圣物免遭焚毁。

*

"犯罪！"阿富汗战争的老兵、巴黎消防队总队长让－克劳德·加莱（Jean-Claude Gallet）将军说，"这是严重的犯罪。为何我们到达时火情已经扩散得如此迅猛，受灾范围如此之广？我们报警总台漏接电话了吗？"事实上，消防员没有耽搁和懈怠，也没有漏接任何报警电话。在第一个报警电话之后几分钟内，他们已经到达了火场。然而，此时离最初起火已经很长时间了，所以消防员也回天乏力，难以拯救圣母院具有 800 年历史的屋顶了。

加莱将军精通救火，熟知一切形式的火灾。他从法国圣西尔军事学校（Saint-Cyr）一毕业就加入了巴黎消防队。1810 年奥地利驻法国大使馆严重火灾之后，拿破仑于 1811 年 9 月建立巴黎消防营，希望消防工作更加专业化和高效化。巴黎消防营，随后扩编为消防旅，其成员来自法国陆军工兵部队，是世界上第一支现役消防部队。直到今天，这支部队仍然保护着巴黎人民。他们的座右铭是"要么拯救，要么牺牲"（Save or Perish）。

巴黎消防员既是士兵，也是训练有素和经验丰富的消防专家。与伦敦和纽约等其他大城市的消防机构相比，他们独领风骚、战绩辉煌。自成立以来，它就具有年轻化的特点，消防员平均年龄 27 岁（其他国家首都的消防员平均超过 40 岁）。他们中等身材，清瘦结实，体格健壮，每天都要进行紧张的体能训练。通过"独木桥"，是他们每天两次必须操练的科目。消防员身着全套消防服，戴好头盔，一个箭步，以引体向上姿势攀上高约 2.4 米的独木桥，安全快速地通过。这项科目最早于1895 年被引入巴黎消防队，目的是确保消防员在脚下的地板焚烧坍陷时能够安全逃生。如果他们没有通过这项体能测试，就不能出勤执行任务，必须返回进行重练，直到完成为止。加莱将军仍然定期进行通过"独木桥"训练，虽然不会严格遵照每天两次这种频度。加莱将军把巴黎消防员称为"体操运动员"（gymnasts），其中一个原因就是他们擅长冲入火场进行灭火，而不是像其他首都的消防员那样在火场之外进行灭火。

加莱将军与"二号指挥官"让－马瑞·龚迪尔（Jean-Marie Gontier）将军、巴黎消防队发言人加布里埃尔·布吕思（Gabrel Plus）中校一起抵达圣母院前院，他立刻意识到以前的救火预案并不可行。屋顶已经难以保全，喷向这座中世纪石头建筑的水量和水压必须严格控制。13 世纪安装的玫瑰花窗，很容易被水流冲刷成碎片。加莱将军必须快速制定一个因地制宜、有效安全的救火方案。

他的计划是多条战线同时行动，围剿继续蔓延的大火。他派出突击队沿着蜿蜒狭窄的螺旋状楼梯，迅速爬到 44 米高的屋顶披檐上进行洒水降温，遏制火势的继续发展。他命令从南北两侧同时喷水，在屋顶和尖塔处形成交叉水流，以期达到降温目的，尽最大可能保护正面的双钟楼。它们上面悬挂着 10 口铜钟。他呼叫消防机器人"巨人"（Colossus）前来支援，这个一辆半吨重的无人驾驶地面车，从软管喷嘴里每分钟能强有力地射出 3000 升水流。它已经准备好随时进入教堂中殿（nave），以避免在唱诗堂（choir）和耳堂（transepts，教堂十字形翼部）形成新的着火点。加莱将军知道，在这种情势下，消防员难以进入中殿，经受不了如此高温和火星碎片的伤害。

*

艺术史博士、54 岁的阿德里安·戈茨（Adrien Goetz）是研究维克多·雨果的专家，他刚刚在索邦大学（Sorbonne）完成一场关于雅克－路易·大卫（Jacques-Louis David）的名画《拿破仑加冕礼》（*The Coronation of Napoleon*）意义和影响的演讲。在收拾桌子上的东西时，他手机上弹出了一条信息，几个街区之外发生了震惊全世界的大事。他抓起公文包夹在手臂下，拼命地跑向塞纳河。当他跑进莫贝尔广场时，手机屏幕上弹出了一张尖塔陷入火海的照片。从这里他可以看到，棕黄色滚滚浓烟翻腾着直冲天际。为了稳定情绪，他想起自己曾经告诉过学生们：拿破仑 1804 年在巴黎圣母院举行的皇帝加冕礼之所以被世人铭记，是因为这件大事变成了画作和图像。一图一画见证着历史叙事。

阿德里安·戈茨从莫贝尔广场冲进艾伯特王子街（rue Maitre-Albert）。这条弯曲狭窄的中世纪小巷在奥斯曼男爵时期没有拆除改造，保持着原来的风格，直到 19 世纪中期，它还有一个声名狼藉的名字——"堕落街"（rue Perdue）。"之后遇到交通堵塞，我滞留原地，寸步难行。"风裹挟着刺鼻的焦煳味儿，从四面八方劈头而来，噼里啪啦清脆的木材碎裂声不绝于耳，令人揪心。7 点 57 分，都尔奈勒滨河路上人头攒动，摩肩接踵，其中有巴黎人，也有游客，他们望着巴黎圣母院，却都鸦雀无声。

"尖塔！"人群中传来一声尖叫，"哦，不！"往日里直插天际，由沉重的橡木和铅砖构成的 750 吨尖塔突然折断，轰的一声，砸向教堂中殿的石制穹顶。"我经历和见证了这一悲剧。我目睹了圣母院尖塔的坠落。"历史学家阿德里安·戈茨不敢相信眼前的一切。他旁边的一位老先生掩面哭泣，悲痛万分。万马齐喑，世人皆悲。

巴黎消防队发言人布吕思中校在教堂的前方忙着指挥救火，没有目睹尖塔折断，不过他听到了声响。当他本能地抬头望向教堂正立面时，突如其来的强劲气流打开了所有的大门，要知道每扇大门都有好几吨重。

不管是正与烈火搏斗的消防员，还是塞纳河两岸围观的普通民众，无论是巴黎人、法国人还是外国人，电视机或者智能手机屏幕前面的每个人，大家都屏住了呼吸，心跳加速，一动也不动。全世界亿万看到这幅场景的人，都陷入了疑惧和忧心之中。

火情仍在不断恶化。晚上 8 点钟，总统马克龙及夫人布丽吉特（Brigitte）亲临火灾现场视察。原定的电视讲话已取消。

现在法兰西人民只关心一件事——巴黎圣母院。大教堂前院对面的巴黎警察局一楼会议室，此刻变成了战情室。这里聚集了法国政府的大部分成员，有总理，文化部部长，国民议会议长，总检察官，巴黎市长安娜·伊达尔歌（Anne Hidalgo），巴黎大主教米歇尔·奥佩蒂（Michel Aupetit），主教代理伯努瓦·德·辛讷提蒙席，圣母院大教堂总司铎帕特里克·萧维蒙席（Monsignor Patrick Chauvet）。他们焦急地等待加莱将军汇报火灾情况。

普拉德终于回到大教堂，他把自行车随手放在人行道上，手上挥舞着证件，穿过两条警戒隔离线。与此同时，参与过阿富汗战争的巴黎消防队的牧师让-马克·富尼耶（Jean-Marc Fournier）到达现场。玛丽-海伦·迪迪埃离教堂也只有 15 分钟车程。多位建筑与遗产总监和文物建筑主任建筑师也不断抵达西岱岛，前来提供帮助和建议。警察看到他们的工作证件，一路放行，让他们进入指挥中心。在法国，艺术和历史获得了应有的尊重。

他们只有一个信念：尽可能地拯救圣母院的宝库，安全转移教堂内数千件的宗教圣物、艺术品和历史画作。这群历史学家戴上闪光的消防员头盔，分为两组开始行动。其中一组和消防员一起，前往宝库、圣器室以及教堂更深处寻找珍贵文物，另一组和消防员排成一条从圣器室一直到飞扶壁下方花园的人链，把文物从教堂传递出来。原先修缮工程人员所用的活动板房，临时充当了保存艺术珍品的仓库。该行动由武装到牙齿的法国警察侦讯与干预特警队（BRI）全程监视。

圣器室里的水已经淹到了玛丽－海伦·迪迪埃小腿肚，她顾不得那么多，蹚水冲到保存圣路易穿过的束腰外衣的木制陈列柜。法国国王路易九世（Louis IX），即圣路易（Saint Louis），1297 年被罗马教廷追封为圣徒。1239 年，路易九世斥巨资在拜占庭赎买了耶稣受难时所戴的圣荆冠，而他迎接并抬着盛放该圣物的圣龛到巴黎城时，穿的就是这件洁白而简朴的亚麻外衣。玛丽－海伦还拿到了圣路易使用过的鞭子。这位国王笃诚信奉基督教，常以自我鞭答来表达忏悔和虔信。她的同事开始抢救其他陈列台上的文物，并在必要的时候拿东西打破玻璃或者砸坏锁头。

劳伦特·普拉德和富尼耶与火神接触得更近一些，他们深入大教堂东端的"悲伤圣母"礼拜堂。中殿一片狼藉，烧焦坠落的木梁杂乱地堆在那里，好似大型版挑棒游戏所用的黑色木棒。抬头向上，透过屋顶的大窟窿，可以看见一片黑蓝色的天空。四周到处是燃烧的木材、飞进的火星、呛人的烟雾，令人窒息，透不过气来。普拉德告诉自己不要为满目疮痍的惨象所分神，他必须集中注意力，完成自己的使命。在普拉德不在的时候，消防员曾经试图强行打开这个设有双重安全装置的保险柜，不过没有成功。普拉德现在拿着它的钥匙，只要再输入正确的密码就可以打开了。他试着输入了几次，但装置不断一闪一闪地提示密码错误。原来是忙中出错，紧张中混淆了密码。幸好两位圣器室管理人也知道密码，他打电话向他们求助。8点42分，他接收到正确密码的短信息。保险柜打开了。他们取回了放着圣荆冠的红色圣物匣，也抢回了教堂一直保存的耶稣受难十字架上的一根钉子和一块残片。在熔铅乱滴和余烬四散的情况下，他们开始往圣器室撤退。富尼耶神父当时不由自主地想起了意大利消防员马里奥·泰莫列（Mario Tremaore）的事迹。1997年4月11日，意大利都灵（Turin）的瓜里尼礼拜堂（Guarini chapel）被翻滚的烈焰吞没，而泰莫列从火海中抢出了神圣的耶稣裹尸布。他只身一人手持短柄斧，打破防弹护罩，顺利取回了存放裹尸布的银制圣物匣。

巴黎市长办公室调集了货车来圣母院，把这些珍贵的文物和艺术品先送到塞纳河右岸的巴黎市政厅，存入安全的房间，随后再被转移至卢浮宫。玛丽-海伦·迪迪埃登上第一辆货车，在司机旁边坐着，双手紧紧抱住腿上的圣荆冠。国宝营救和转移行动顺利进行的消息传到战情室，众人拧着的眉毛稍微舒展了一些，稍微松了一口气。可是，火情没有留给大家一丝喘息的机会。

为了从上方观察火势，直观和全面地评估建筑结构的烧毁情况，警方出动无人机，持续地盘旋在圣母院上空。战情室的大屏幕上转播的实时画面令人瞠目结舌、难以相信：教堂中殿和耳堂里烈火滚滚，火舌舔卷着祭坛上绯红色的大十字架，就像一个燃烧着的巨大十字形火把，又好似女巫们的安息日一般恐怖。炼狱般的景象强烈地冲击着大家的视觉感官，战情室的众人呆若木鸡，哑口无言。帕特里克·萧维一下子晕了过去，幸亏身边的巴黎市长扶住了他。但是，最糟的情况还没有到来。

火灾现场的消防员劳伦特·科莱诺（Laurent Clerjeau），是一位专业的速写画家。他在一个多小时里一直以绘图的方式向加莱将军和龚迪尔将军提供建议。他的任务是尽可能为两位高级指挥官提供有助于制订救火计划的所有信息，例如火灾性质和发展的总体情况、风向的变化，等等。他每隔一段时间就绕教堂四周查看，更清晰地观察瞬息万变的情势，他随身带一支笔、一个记事本，行动迅速，反馈情况及时准确。晚8点，一些异常状况引起他的注意，他要求爬上连接着两座钟楼的怪兽走廊（chimera gallery）侦察火情。他发现北钟楼的百叶窗都是半开着的，而一扇小窗户里有忽隐忽现的光。这一情况令人担忧，因为着火的建筑物的任何一个孔洞都会产生抽放效应，助长火势的蔓延。另外，南风会把爆炸所产生的800摄氏度的气体云吹向北钟楼。他爬上380级石阶，到达教堂西立面的柱廊，这里的温度令人难以忍受。他快速地在北钟楼检查一番，发现了一扇半隐藏着的门，门后应该有狭窄的楼梯能够到达顶部。他使劲把门踢开，进去抬头一看，马上用对讲机向指挥部报告："北钟楼发现火情。"在他下方43米的指挥部里，加莱将军听到这些话，倒吸了一口冷气。

北钟楼总共挂着 8 口钟，成对放置，每层两对。整个钟架由巨大而沉重的木梁构成，和教堂屋顶的木梁一样，它们最早可追溯至中世纪。每口钟都拥有美妙的名字：加百列（Gabriel）、安娜 - 日内维埃芙（Anne-Geneviève）、德尼（Denis）、马塞尔（Marcel）、艾蒂安[1]、本笃 - 约瑟夫（Benoît-Joseph）、苏利、让 - 马利（Jean-Marie），它们总共重 16.6 吨。

倘若这个木制构架着火的话，这些钟肯定要掉落下去，那么整个钟楼将会坍塌。南钟楼另有教堂最大的两口钟，13.2 吨的低音钟埃曼纽尔（Emmanuel）和 6 吨重的玛丽（Marie），万一也掉落的话，那么包括西立面的整个教堂都要灰飞烟灭。牵一发而动全身，两座钟楼不容有失，幸运的是大部分珍贵文物已经安全转移。

加莱将军立即与其他指挥官聚集商议。火势变化一目了然，危情时刻，无须赘言。他与这些部下和战友相识多年，分工合作，彼此信任，所以提建议、做决定、下命令会更加直截了当和迅速高效。现在需要的是向总统汇报他的方案。来不及更换衣服，加莱将军穿着还在滴着水的消防服，大踏步进了战情室。他在三个月之后回忆道："我需要尽量简明扼要，不容许浪费一点时间。"

---

1. Étienne，圣艾蒂安是圣斯蒂芬的法语称呼，基督教首位殉道者。——译者注

他制订的计划很简单：局势已经难以收拾，突击进攻才是唯一的对策。由50名队员组成的危险环境干预小组（GRIMP）直接爬上两座钟楼进行灭火，与火神进行肉搏战，以遏止火势。"如果明天凌晨还想看到钟楼，这是我们唯一的选择。"总统打破了战情室内的沉闷。他问道："你们愿意执行这个任务吗？"加莱将军回答说："义无反顾，这是我们的使命。"马克龙总统走到加莱将军面前，重重地拍着他的肩膀，下了命令："谢谢您，将军。去吧！一切都很清楚。"

危险环境干预小组冲上螺旋状楼梯，来到两座钟楼之间的平台上。他们立刻开始布置脚扣、系绳和绳索，预备紧急情况下能够从教堂西立面撤退。同时，其他队员携带上来备用的消防水喉，直接连接到楼下的消防车上。他们需要把水压调到最大，以尽可能使消防水喉的水喷射得更远。

一支消防员突击队即将进入北钟楼，环视周围，在他们东面，是已经垮塌的教堂屋顶，好似地狱里的一口热锅；在西面，43米高的楼下，数百名消防员抬头注视着他们，桥上和河岸上则人山人海，人群中不乏耄耋老者，亦有母亲怀中的乳儿，大家不分年龄、种族和教派，都凝神伫望着他们。

北钟楼上烈焰冲天，大火足足有10米多高，好似炼狱一般。两组大钟之间的地板上全是熊熊火焰。他们只能缓慢通行。打头的中尉小心地检查每一级石头阶梯，其他队员在他身后紧紧跟随。四周火光环绕，高温难耐，他一步步往前挪，渐渐地耗光了全身的气力，不过仍然没有看到大钟。他在钟楼里坠入了险境，幸亏随身携带着消防空气呼吸器，他很快开始调整状态，深吸几口气，缓了几秒钟，强拖着身子继续向上攀爬。

接下来的 30 分钟，决定着圣母院的命运。

加莱将军另外派遣三名消防员登上南钟楼，洒水降温，以防火势蔓延。他们举着水喉冲向埃曼纽尔和玛丽。埃曼纽尔从 1686 年就悬挂在这里，是世界上最大的铜钟之一。它浑厚凝重的钟声，平时只在较为特殊的日子里才会响起。随着水柱冲击着埃曼纽尔的腰部，一曲悲惋的哀歌响彻钟楼，震撼着火场的所有人。三名消防员感到极其诧异。仿佛大钟在恸哭和呜咽，巴黎圣母院在暗自神伤，啜泣流泪。

晚 9 点 35 分，加莱将军独自一人立于电视台摄像机前，必须要让法国人知道事态的严重性。"我们不知道能否阻止北钟楼大火的蔓延而拯救圣母院，也许它将倒塌。对于火灾破坏的严重程度，大家可以自己想象。"电视机前千百万观众忽然意识到，危机时分，"我们的女士"命悬一线。这番声明之后，现场记者争先恐后地提出了很多问题。加莱将军却不再赘言，直接回到了火灾一线进行指挥。他说的已经足够明白了。

就在这个时候，奥佩蒂大主教在推特上发布了一条信息："巴黎的所有教士：消防员正与大火殊死搏斗，拯救圣母院的两座钟楼。她的木制屋顶和尖塔已经焚毁。让我们祈祷吧！敲响你们教堂的钟声，把这些话语传播开来。"

站在蒙特贝洛滨河路人群中的阿德里安·戈茨，凭直觉知道此刻是多么引人注目。对可以看到钟楼的所有人来说，显而易见，现在到了危险和关键时期。但丁街（rue Dante）和比什利街是左岸最古老的两条街区，最早可追溯到 13 世纪早期，曾经是木材商人的聚集地，从这里可以看到教堂的西立面和南立面的玫瑰花窗。成千上万的人开始拥入这两条路，都想再看一眼钟楼。

巴黎众多的老者和青年人，乌压压跪倒在圣米迦勒码头（quai Saint-Michel）。一些人喃喃地祈祷，一些人轻声唱起圣母玛利亚颂歌。这是宗教信仰盛行时代才会有的事情。巴黎上一次出现这种令人震撼的场景是什么时候？电视转播了这一幕景象，令那些已彻底世俗化的国家人为吃惊，就连坚定的怀疑论者也为这种虔诚所感动。法国人意识到，自己国家的历史与基督教血脉相连，即使在 20 世纪初政教分离，成为世俗化国家很长时间之后，这种情感也没有褪色。

法国首都各处，乃至全国上下，都开始响起了悠扬而肃穆的钟声，一起为巴黎圣母院虔敬地祈祷。神父们接收到了大主教的信息。所有教堂的钟为它们困在火狱里的 10 个兄弟姐妹而鸣响。这一时刻是沉重的、肃穆的、庄严的。

加莱将军命令消防队员撤出教堂，出动机器人"巨人"进入中殿进行灭火。现在只有危险环境干预小组的 50 名队员仍在北钟楼进行灭火工作。他命令在圣母院周围和内部放置激光测距仪，随时监测教堂结构的稳固性。实时数据不容乐观：教堂受损严重，因遭受巨大压力，它的平衡性难以保持。加莱将军事后透露说："我接到了报告，北面山墙倾斜了1厘米。1厘米！"如果一栋建筑物倾斜2毫米或3毫米的话，一般就被视为处于坍塌的危险边缘。

加莱将军望向北钟楼和上方柱廊处奋战的消防队员。"从我所站的地方望去，头盔上的灯光让他们看起来犹如萤火虫一样。"他不禁联想起自己的朋友，即美国同行乔·普法伊费尔（Joe Pfeifer）的一句话。2001年9月11日上午纽约世贸大厦遭恐怖袭击引发大火，乔·普法伊费尔是当时消防救援现场的一号指挥官。加莱将军曾在哈佛大学的一次会议上和他进行交流，乔感叹道，"进入还是不进"通常是最难的抉择。

在加莱将军心中，圣母院独一无二，与众不同，他这样形容："她是一个鲜活的生命。"今夜，这句话形象地道出了巴黎人的所想所思。阿德里安·戈茨凝视着她，深切地领会到："对我来说，巴黎圣母院是历史，是文学，是画像研究。如今，她变成了一堆石头和木头。"他们提及或者想到巴黎圣母院时，称之为"她"，这不是偶然的，而是下意识和理所当然的。不管他秉持何种宗教或信仰，是否天主教徒，来自何方，国人都一直认为她固若金汤，亘古不朽；即使巴黎有一天毁灭，她也会安然无恙；她会一直矗立至末日审判；即使所有人都飞灰湮灭了，她依然直插云霄，接连天际。然而就在今夜，每一个曾经到访圣母院或者为其亲切且肃穆的风采而折服的人，都意识到，她是如此的脆弱和无助。

天主教的圣餐变体论认为，被祝祷的葡萄酒和面饼变成了耶稣基督的圣血和圣体。今夜，在圣母院附近和远处的旁观者之心灵和头脑里，另一种形式的变体出现在西岱岛。圣母院实际上有血有肉，有灵魂有情感，她属于我们每一个人。

晚 11 点，加莱将军确认是时候向总统报告，北钟楼的火势得到有效控制。此时的战情室一片焦灼，等待加莱将军的消息。众人坐立不安，不停地为圣母院默默祈祷。

晚 11 点 30 分，马克龙总统在总理爱德华·菲利普、巴黎市长安娜·伊达尔歌、国民议会议长、巴黎大主教、加莱将军的陪同下，通过圣母院前院广场的电视摄像机向全国发表简短讲话：

今夜，一场悲剧不幸降临法国。首先，我向已经奋战了几小时并仍在继续灭火的 500 名消防员致以敬意，感谢他们非凡的勇气和伟大的职业精神，感谢处置果断、意志坚定的现场指挥官们。我谨代表全国人民向你们表示钦佩和谢意。虽然这场战斗还没有完全取得胜利，但是已经成功避免了最坏情况的发生。最危急和困难的情况已经过去，感谢他们的勇气和斗志。教堂西立面和两座钟楼没有倒塌。

最后一句话他几乎是喃喃道出的。他继续讲道：

法国和全世界天主教徒此刻的心情，我们感同身受。对所有巴黎人和全国同胞来说，圣母院是我们的历史、我们的文学，因为它是法国人全部想象力的代表。在我国所有的重要时刻、重要战争和自由奋争时期，她与我们同呼吸、共命运。她是我们生活的中心，是法国所有道路的原点；她保存着数不清的珍贵书籍和伟大画作，她是我们所有法国人的大教堂，即使有些人还未踏足其中。她的故事就是我们的叙事，她不幸陷入火海，我和你们一样感到伤悲、心悸和忧虑，但是，我们心中还应该充满希望。

他舒展了一下严肃的神情，微笑着，充满激情地说道：

这种希望来自我们民族的自豪感，为那些刻苦奋战、挽救危局的战士们而自豪，为先辈们在 850 年之前建造了这座教堂而自豪。我现在庄重地告诉大家：我们将会一起重建她。这是我们的命运。几小时后，我将为重建设立一个公共基金，我们将呼召最有天赋的专家投入重建工作中。我们将会重建她，我们将会重建巴黎圣母院。因为这是众望所归，是历史赋予我们的使命。

*

巴黎圣母院得以幸存。此时，不管是在家中还是聚集在塞纳河两岸，所有的法国人都还没有缓过神来，脑袋发麻。"慢慢地，聚集的人们开始彼此交谈，像一群海难中的幸存者。"阿德里安·戈茨后来回忆说。他和其他很多人没有马上离开，一直待到凌晨，为她守夜祈祷。

救出的数千件艺术品、宗教圣物和画作被转移到巴黎市政厅，巴黎市长在安置好它们后立刻赶回了火灾现场，此时，已是午夜时分。玛丽-海伦·迪迪埃已经回想不起来抱着圣荆冠坐上第一辆货车离开时的心情，行动麻醉了她的情感。但是此刻，在安全的市政厅里，看着所有珍品文物一件不少地安置妥当后，情感的堤坝终于爆裂开来，她泪如泉涌，不能自已。一想到这些宝物差一点灰飞烟灭，真是心有余悸。

*

总统在发表完简短讲话后，向指挥官问道："我们能进到里面吗？"加莱将军点点头。总统一行从西面入口进到教堂内部，受到强烈的视觉冲击。中殿和唱诗堂里污水满地，堆积着烧焦的残渣碎片和熏黑的橡木梁，不过金质大十字架和圣母怜子像依然完好。圣母玛利亚和她怀中抱着的耶稣保持着原来模样。圣母怜子像右侧，路易十三单膝跪地，手捧王冠献于圣母；路易十四跪于左侧，以尊敬和崇拜的目光注视着圣母玛利亚。

尖塔和屋顶的灰烬残骸在它们脚下散落一地。

凌晨2点，当加莱将军再次巡视教堂时，仍有6处已经受到控制的着火点，预计两天后才能彻底扑灭。"在中殿，我看到祭坛一堆余烬残渣上有一个白色的东西。"其实那是一本真皮封面和包边的书，打开着，页面上落着厚厚的灰尘。"我好奇地走近，赫然发现灰尘之下是一个词：希望（espérance）。"这本经文选（lectionary）未遭焚毁，书页上的这个词描述的是耶稣复活的希望。

第二章

1163 年，第一块基石

这座丰碑竣工之日，任何建筑物都将无法与它媲美。

———罗伯特·德·托里尼　（Robert de Thorigny）

12 世纪中叶，巴黎作为法国的首都，在经济、政治、地域、知识和艺术等各方面都以惊人的速度在发展和扩张。它即将进入长达 150 年持续的增长和发展中，其规模和速度前所未有，后世难见。在这个最有活力、充满希望的年代，巴黎圣母院的建造拉开帷幕。

10 世纪到 13 世纪期间，法国出现了城市复兴，不过城市居民只占总人口的 15%。城镇的规模都不大：马赛有 1 万居民，里昂（Lyons）有 2 万人。欧洲人口最多的城市都分布在佛兰德尔（Flanders）和意大利：根特（Ghent）有 6.4 万居民，佛罗伦萨（Florence）有 10 万人，基督教世界的两座灯塔——米兰（Milan）和威尼斯（Venice）各有 20 万人之多，而伦敦则仅有 4 万人。

然而，巴黎由小变大，成为西方世界最大城市之一，其进程却绝无仅有，此时法兰西王国大部分仍是乡村地区。在不到 400 公顷的地域内居住着 27 万人，巴黎成为城市化的典范。

巴黎是法兰西的首都，那法兰西是什么呢？ 12 世纪末，法兰西王国的王室领地是以巴黎为中心的一条狭长地带，北起亚眠城（Amiens），南到布尔日（Bourges）。然而，到 1204 年，经过一系列的征服战争，菲利普二世（Philip II，1180—1223 年在位），即菲利普·奥古斯都（Philip Augustus）为法国攫取了很多新领土：诺曼底（Normandy）、曼恩（Maine）、安茹（Anjou）、都兰（Toulouse）、普瓦图（Poitou），以及英格兰金雀花王朝（Plantagenet）在法国的大部分领地（从西南城市波尔多到大西洋沿岸）。1229 年，朗格多克（Languedoc）被割让给法王的封臣图卢兹子爵（Count of Toulouse）。1285 年，香槟地区（Champagne）成为王室领地。若干年后，里昂及其周边成为法兰西王国的边境地区。

欧洲其他城市一般具有一种或者两种功能（根特是工业中心，博洛尼亚是大学城市，威尼斯是商业重镇），而巴黎则集所有功能于一身。首先，它的经济极其繁荣，聚集了许多熟练技工。1268 年巴黎市政长官艾蒂安·布洛瓦（Étienne Boileau）所整理的《职业登记册》（*Le Liver des métiers*）中记录了 900 多种技术职业。举例来说，实力雄厚的布商通常会雇用一大群熟练工人：剪羊毛工、梳机工、起毛工人、纺纱工、编织工、染工。如果你从事羊毛业，就不允许接触棉织业或者丝织业，反之亦然。巴黎商人，特别是小麦、酒和羊毛等行业的巨富，结成了极为强势的利益团体，垄断着塞纳河上的商业贸易。

法国王室和教会很快明白，他们需要与从事贸易的富裕市民阶层密切合作。当时，绝大多数的庄园领主开始在城市兴建府邸，其领地产出的农作物也汇集于此；商人替他们售卖物产，换成金钱。在领土征服和经济发展中，国王、教会和市民阶层结成利益同盟。1190 年，第三次十字军东征开始，菲利普二世率军前往。在离开法国期间，他把王室税赋征收委派给 7 位巴黎大商人，而非皇亲国戚。10 年后，菲利普二世任用了更多市民阶层出身的官员，协助他对诺曼底和朗格多克等新征服领土进行财政和行政的管理。他们精打细算、简洁高效，监察着新征服地区，竟然让国王的收入翻了一番，法国成为当时欧洲最富庶的王国。

随着日渐增多的熟练技工市民，手工业和商业日益繁荣，巴黎逐渐成为法国的经济中心。同时，它还是宗教中心、巴黎教区的主教座堂所在。权势滔天的巴黎主教，以及数百名协助其完成宗教职能的神职人员，几乎都居住在西岱岛主教宫（episcopal palace）及其附近。巴黎也是一个教育中心。仰赖众多久负盛名的教堂学校和新成立的巴黎大学，巴黎很快成为欧洲的文化中心。来自法国诺曼底和庇卡底（Picardy）等地，英格兰、斯堪的纳维亚半岛、德意志、佛兰德尔和意大利等邻近地区的年轻书记员和学生，陆续拥入西岱岛，求取学问。最贫困的学生住在塞纳河南岸（当时还没有左岸一说），这里能够租到较为廉价的房子。这个年轻化、以男性为主的充满勃勃生机的学生群体，占到巴黎总人口的 10%。与此相比，法国其他地区只占到 2%。为了保护市民阶层的年轻女性，防止她们因为性别比例失衡和乱交行为而受到侵害，性交易通常得到允许和宽容。巴黎从未以花街柳巷而洋洋自得，但所有高档旅店酒馆均有娼妓出没。

学生并非与世隔绝，枯坐书斋，他是所处时代的一员。几乎所有学生都是基督教徒，是剃发的神职人员，处于主教的管辖之下。学习是一种宗教行为，不过他们所受教育之目的和宗旨是积极的、现世的、乡村的。教育方式主要是口头传授。学有所成的人将到平信徒中间传播圣言——上帝的知识。

学生的数量变动不定，增减主要取决于相关导师的能力和魅力。1150 年，巴黎的学生数量超过拉昂（Laon）、沙特尔（Chartres）和圣德尼（Saint-Denis）等地，主要归功于当时最有才华、光彩夺目的著名学者阿伯拉尔（Abelard）。胆识过人、思想独立、能吸引更多学生的导师们，租住在麦秆街（rue du Fouarre）和小桥（Petit Pont）周边的小屋里，这些为后来的教堂建造奠定了基础。在西岱岛对面、塞纳河南岸，学生和导师聚集的一个崭新区域开始发展起来。

在政治上，巴黎重新赢得了作为王国首都的荣耀和地位。5 世纪晚期，墨洛温王朝（Merovingian，481—751 年）开创者克洛维（Clovis）最早定都于此，不过巴黎并非一直是法兰西的政治中心。1190 年，为了守卫王室的宝库和档案馆，新到巴黎的菲利普二世建造起一圈高高的围墙。巴黎正式成为国王驻跸地与王宫所在地。"巴黎是国王的城市，是罗马帝国灭亡以来中世纪欧洲的第一座国王城市：一个名副其实的国都。巴黎不仅变为帝国的首都，一个基督教世界的首都，也成为法兰西王国的首都。"

巴黎渐渐地具备四重使命和职能：国王城市，商人城市，主教城市，大学城市。"在不断涌现出学校的陋室小巷里，一种新精神开始勃发和成长。"

*

1150 年到 1300 年，在西岱岛一座仍在使用中的教堂原址上，巴黎圣母院大教堂拔地而起。居民日常见证着这一伟大工程的非凡成就。西岱岛居住着 1.5 万名居民（今天只有 1000 人），每日里熙熙攘攘，人来人往，街道狭窄蜿蜒，房子简陋幽闭，垃圾和粪秽在路中间堆积如山。华贵厦邸与破墙烂屋相接，高门大户和升斗小民比邻。原有那座老教堂的广场上热闹嘈杂，到处是卖纪念品和小饰品的店铺和摊位，货郎的叫卖声此起彼伏，鱼肉贩子当街宰杀、去骨，污血遍地，臭味熏天。牲畜市场和集市定期开市，其中最重要的有两个。一个是 9 月 8 日的洋葱和花卉集市，另一个是大斋节（Lent）最后一天的火腿集市，摊位众多，各式火腿琳琅满目，通常会有地方官吏介入管理和干预：

在每个人注视的教堂前院，
在这威严壮美神殿的门脸，
四周生长出一片火腿森林，
犹如它们是被种下的一样。

列队宗教游行经常举行，比如在洪水或者暴雨等自然灾难发生的时候。巴黎的守护者——圣日内维埃芙的神龛陈放在这个地方，供每个人跪拜和祈求。

这个老教堂的前院就像一个露天剧场，所有的剧目都能精彩呈现。一座坚实耐用的绞刑架，不知何时立在这里，时常会绞死一名被主教或者当地司法官员判处死刑的罪犯。有时这里会架起一个高台，举行深受巴黎人欢迎的寓意剧演出。

*

是谁为巴黎圣母院的建造以及整个西岱岛的城区重建提供的资金呢？没人知道确切的答案。文献稀少，只有极少数的会计账目档案留到了现在。对这个问题感兴趣的历史学家，设法通过非官方档案中特许状登记簿和讣告来研究捐款来源和教堂装饰风格，取得了很多学术成果。

他们的研究表明，12 世纪到 13 世纪，上至国王和贵族大臣，下至巴黎贫民，有钱的捐钱，有力的出力，信众以各种形式做出了自己的贡献。不过，大部分建设资金似乎出自一人——苏利主教。他所在的主教区各种收入数额巨大，他把大部分收入投进了庞大的西岱岛重建计划。巴黎主教占有西岱岛周围半径 55 千米内最肥沃的土地，仓库里什一税征收来的粮食堆积如山。他们还管理着这个城市，在各个集市征收各种名目的税金，比如，在当时的贸易中心和最重要的市场——中央市场（Les Halles），每一笔交易都需要上缴一定数额的税金，教会借以从田产和贸易中获利。此外，他们还售卖教产来支付日益上涨的建造费用，毕竟，巴黎三分之二的土地都属于教会。

据修士安尚（Anchin）记载，苏利用的是"他自己的钱，而不是其他人的"。这位农民之子苏利主教，没有任何个人财富，只能开源节流，对教区收入进行节俭和精明的管理，才能筹措到建造计划所需的巨额款项。

苏利的遗嘱彰显了其奉献精神和慷慨大方，其中一笔1000利弗尔（livres）的巨额捐赠是为新教堂的屋顶预备的。苏利之后有两位巴黎主教让·德·帕里斯（Jean De Paris）和西蒙·马提法·德·布希（Simon Matifas de Buci）也非常积极和慷慨，他们分别监督了后期的建造工程和14世纪早期的部分重建。让·德·帕里斯1270年在遗嘱中留下了足够的钱以完成耳堂的最后建造工作。西蒙·马提法·德·布希在1298年至1304年投入超过5000利弗尔建成了三个礼拜堂。

信徒的捐赠用于多种途径：比如修建弥撒小礼拜堂（chantries），或者用作请神父为亡者祷告的报酬。很多情况下，如何利用善款将尊重捐资人的意愿，毕竟他们是为了自己能够得到拯救而慷慨解囊的。为法国国王效命的很多富裕市民，比如路易九世的财政总监让·萨拉赞（Jean Sarrazin），在巴黎圣母院和其他教堂中捐助修建了很多弥撒小礼拜堂。在圣母院的礼拜堂建造时期，巴黎市民为弥撒小礼拜堂和礼拜堂的建造捐资丰厚，奉献良多。这些捐款虽多，但是对圣母院庞大的建造费用而言是杯水车薪；苏利主教鼓励信众捐赠多多益善，他在向巴黎市民布道时强调，为圣母院捐资不仅有利于尘世的幸福，也有助于来世天国的永福。富裕市民在持续的经济增长中获利颇丰，身家雄厚，因此应该慷慨地为他们的新教堂或者巴黎其他教堂提供捐赠。"富有的平信徒经常捐出大笔金钱，因为他们关心自己灵魂的拯救。"法国著名历史学家乔治·杜比（Georges Duby）在《大教堂时代》（*The Age of the Cathedrals*）里道出了真相。

赤贫者也为圣母院建设做出了引人注目的贡献。虽然有时并非完全出于自愿，但是他们竭尽所能，不顾自身的困苦而做出了牺牲。在巴黎主教田产上生活的2000多个农奴必须缴纳一种"塔利税"（taille），直到教会感到满意为止。1210年到1232年，即圣母院西立面建造时期，农奴们被迫上缴了5次"塔利税"，每4年半一次。有些教士反对这种做法，担心苛捐杂税引发农奴的反抗，因而要求在随后20年内免除这些农奴的这种税赋。他们的担心是有道理的。1233年，兰斯的市民们聚集起来，反抗当地主教为建造兰斯大教堂而征税过多；他们强迫教会暂停建设，解雇石匠和石雕匠。兰斯（Rheims）大教堂建造工程因市民反对而搁置了好几年。

但是，勤劳农民的重要作用得到了所有人，特别是建造者和石雕匠的肯定。拉昂教堂塔楼的石墙上，雕琢着公牛耕田像；农民四季劳作的画面出现在所有教堂的柱头。这是他们应得的尊重，是他们一石一瓦垒砌成这些大型建筑物。"每位工人、每个农民，都是一位征服者，而大教堂铭刻着他们的形象，以此赞扬他们。"

1137 年至 1180 年在位的路易七世（Louis VII）对圣母院最初建设持何种态度呢？很遗憾，他的贡献并不大。路易七世对资助西多会（Cistercian）修道院更有兴趣，而不是建设新教堂，他的儿子菲利普二世则不然。菲利普二世 1165 年出生，由苏利主教施洗，在他统治时期，巴黎对法国王权变得日益重要。菲利普二世并没有把主要精力放在圣母院上，他关注更多的是西岱岛王宫的建设，曾投入巨资在塞纳河左岸和右岸修建坚固高大的城墙，以及卢浮宫等堡垒要塞，以此保卫他的国都和王国。

但是，菲利普二世的真正影响在于，促发了圣母院大教堂的兴建，并让她在完工之前就成为展示王权和国威的象征。他的王后，艾诺的伊莎贝拉（Isabella of Hainault）1190 年 5 月 12 日难产去世。他做出一个不同寻常的决定，即把王后安葬在圣母院。在维奥莱 - 勒 - 杜克主持修复圣母院期间，1858 年 2 月 19 日考古发掘出伊莎贝拉王后的墓穴，以及陪葬的王后银制印章。法国国王当时选择这座新教堂作为王后及印章的安息之所，是一件意义重大、影响深远的决策。在此之前，在王室恩宠和金钱赏赐上，任何教堂都无法和传统上举办国王葬礼的圣德尼修道院大教堂比肩。自 7 世纪国王达戈贝尔特（Dagobert）之后，克洛维的继承者均选择安葬于圣德尼，自此，统治法国的墨洛温王朝、加洛林王朝（Carolingian，751—987年）和卡佩王朝[1]延续了这一传统。查理·马特（Charles Martel）、矮子丕平（Pepin the Short）和秃头查理（Charles the Bald）的棺椁挨着达戈贝尔特及其子孙，南边则是于格·卡佩（Hugh Capet，987—996年在位）及其祖先法兰西公爵们，和在他之后即位的历代国王。

巴黎圣母院对法国王室的影响越来越大。王子们开始安葬于此，例如亨利二世（Henry II）的儿子布列塔尼公爵杰弗里，以及1218年去世的路易八世（Louis VIII）的儿子布伦伯爵菲利普都沉眠于此。路易九世（1226—1270年在位）曾暂时停止在圣母院举行王室典礼仪式，他更加中意于圣德尼大教堂和亚眠大教堂。不过，当他在十字军东征途中去世后，其灵柩1271年在圣母院前停放，这证明圣母院注定不能被忽略。路易九世的孙子菲利普四世（Philip IV，1285—1314年在位）从1285年加冕登基，开始选择圣母院作为自己王权和神权的象征。

*

---

1. 本书作者在此处用卡佩王朝来涵盖卡佩、瓦卢瓦和波旁三个王室。墨洛温（开创者为克洛维）和加洛林（开创者为矮子丕平）为法兰克王国，在法兰克王国分裂后，于格·卡佩987年被选为西法兰克国王，开创了法兰西王国的卡佩王朝（987—1328年），而之后的瓦卢瓦和波旁都是卡佩王室支系，被作者认为是卡佩王朝的延续。——译者注

"教堂是匿名者建造的。正立面基座上没有署名，也没有设立节日以资纪念。施工者完成他们的职责后，继续到别处工作。"法国著名作家希尔凡·蒂松（Sylvain Tesson）这样写道。他年轻时着迷于登山和旅行，在 20 世纪 90 年代早期时常在夜晚登上圣母院。

我们永远不会知道，到底是哪位建筑师在苏利主教的指导下画好了圣母院的建筑图。他来自何方？家世如何？是像苏利一样生于农家还是皇亲国戚？他如何接受的教育和培养？之前是否从事过类似的工作？我们永远不会知道。我们只能品读他在圣母院的作品，以此鉴别其建筑技艺。不过，有一点显而易见：苏利挑选了一位能够领悟和理解他对新教堂的雄心和抱负，并能将之很好表现出来的建筑师。两个人应该经常见面，热烈地商讨修建计划，并制作了很多图纸和文件，例如比例模型、草图、平面图、节点大样图和立面图，遗憾的是这些资料早就消失不见。建筑图纸一旦定稿，定会存入文档，并传达给负责现场施工的工人们，例如那些石匠师傅（master stonemason）及其下属的石雕匠、劈石工、切削工。第一个 10 年的施工效率高、进度快，证明施工者肯定是在清楚而详细的图纸和指导下工作，且至少100 到 400 名工人每周有 6 天在马不停蹄地工作。

莫里斯·德·苏利具有筹集足够资金的自信和一个城市规划师的素养，在巴黎的心脏地区发起了一场小型的地形地貌改造运动。新教堂是这一宏大蓝图的核心。原先那座古代教堂最早可追溯至 5 世纪的洗礼堂，苏利认为翻新它并不能满足教会和信徒的需要，因而决定重建一座教堂。随着圣德尼修道院大教堂和桑斯（Sens）大教堂的哥特新建筑艺术的兴起，原来的罗马（Romanesque）建筑风格好似明日黄花。年轻的建筑师野心勃勃，亟待一展他们的新抱负：采用建筑新技术和交叉肋拱的理性运用，释放和扩大教堂的内部空间。他们还想采用式样新颖而含义丰富的雕刻和彩绘玻璃装饰。在建筑技艺和宗教仪式的革新上，苏利不想让巴黎落于人后。他还听到巴黎北边一些小市镇，比如努瓦永（Noyon）、桑利斯（Senlis）和拉昂紧随圣德尼和桑斯，正在建造这种开创性风格的教堂。由此可知，这种或被称之为"法兰西艺术"的新的哥特艺术，在那些有进取心的高级教士中间激荡起强烈的竞争意识。哥特教堂努力摆脱传统建筑的窠臼，尽人所能地拔高向上，传达出主教和建筑师们企求圣恩和炫耀才智的双重心态。

传说教皇亚历山大三世（Alexander III）在 1163 年 4 月访问巴黎期间，为巴黎圣母院铺放了第一块基石。然而，这个故事是 14 世纪的编年史家让·德·圣维克托（Jean de Saint-Victor）在 200 年后所记述的。1160 年 10 月 12 日，莫里斯·德·苏利成为巴黎主教，他几乎不可能等待那么长时间才开始其梦寐以求的计划。圣母院可能在 1161 年春天就动工了。

苏利要重建西岱岛，优化主教辖区的内外环境。整个西岱岛东部变成了一个大型建筑工地，新格局得以呈现，并一直延续了 600 年，直到法国大革命才结束。

苏利坚持教堂在施工期间也要开放，继续举行宗教活动，所以施工者只能边建边拆，建好一部分新教堂，拆掉一部分老教堂。这座面积达 5500 平方米的新教堂所面临的众多挑战之一，是她比老教堂大得多。教堂东面，问题较易解决。西岱岛东端的土地归教会所有，拆除哪里重建何处，主教说了算。因此，建造工程首先从教堂东端的半圆室或者半圆形后殿开始，在圣米迦勒山修道院（Mont-Saint-Michel）院长罗伯特·德·托里尼 1177 年访问该地时应该已经建成。这位院长观之肃然起敬，预言道："这座丰碑竣工之日，任何建筑物都将无法与它媲美。"1182 年 5 月 19 日，教皇特使亨利·德·卡托 - 马尔凯（Henri de Château-Marcay）和苏利为主祭坛（high altar）举行祝圣仪式。拱券、彩绘玻璃窗和石雕装饰构成的教堂东面率先完工，巴黎圣母院的基本宗教功能大致具备。

在西面，事情就比较棘手。苏利必须买下很多需要拆除的屋舍，而有些房屋的主人没有爽快答应，协商谈判持续了多年。据记载，一对夫妇尤其难缠。亨利·莱昂内尔（Henri Lionel）和他妻子庇隆尼尔（Peronill）起初同意主教用两栋房子加上一块田产来补偿他们。不过，这笔交易用了 30 年才最终完成。其间，这对夫妇不断加码，索取更多的金钱和补偿，教会每一次都屈服妥协。

苏利打算让新教堂稍微往北扩展一些，而新的西立面向东挪动 40 米，以便把老教堂所在地改建成一个较大的前院，作为连接世俗世界和神圣世界的一个中间地带。此外，他还计划，正对着新教堂西大门，要建设一条巴黎最敞亮的 6 米宽大道，即"新圣母院大街"（rue Neuve）。如此一来，朝圣者离很远就能望到这座教堂，被她所吸引，为她所着迷。第二帝国时期（Second Empire），有中世纪巴黎"破坏者"之称的奥斯曼男爵在重新规划这条道路时，也没有办法完全消除它在西岱岛的印记。直到当代，从前院鹅卵石上的痕迹仍可以想象出新圣母院大街当时车水马龙、人来人往的繁荣景象。

苏利的建造计划意味着必须在多条战线同时行动。很多工作需要同时开工，同时完成。首先，要拆除主教宫，并在新教堂南边的沼泽里重建一座。石匠们为了建成坚实的地基必须向下挖 9 米之深。这座新的主教宅邸 1164 年开工，几年后建成。在苏利的规划中，建于 7 世纪的主宫医院（面向穷人和病人的一座医院和济贫院）也将被拆除，在新教堂前院南边，一座更大的主宫医院取而代之。它由回廊、面包房、宿舍、膳厅、医务室和几座礼拜堂组成，将成为当时法国最大的医院。为此，教会必须购买和拆除更多私人房屋。

考虑到前 40 年迅速推进的工程进度，人们普遍认为，当时并不缺少技艺娴熟的匠人。巴黎石雕匠的天才技艺在法兰西北部享有盛誉。另外，主教和教士的田产上拥有大量的木材和森林，屋梁的原木材料非常易得。唯有木材的烘干和运输这一环节需要花费资金。巴黎周边有很多优质石灰岩采石场，用河船很容易将石料运抵西岱岛，为了运输方便，西岱岛东端专门修建了一个临时小码头。

＊

1160年左右拟定的巴黎圣母院原初设计得到了严格的执行，之后一个多世纪的修建过程中，三位建筑师没有改变任何基本结构。今天的西立面，无论入口、国王廊还是两座塔形钟楼，依然保持着第一任建筑师设计的风格。只有雕塑装饰改变了最初的方案，引入了13世纪早期产生并流行的新塑像术概念。

这位神秘的建筑设计师到底何许人也？他全部的作品给后人探究其个性和风格留下了一点线索。法国中世纪史学家阿兰·埃尔兰德·布兰登堡（Alain Erlande Brandenburg）如此评价他："雄心勃勃，技艺高超，简单明快，自然和谐。"虽然兴建的设想和动力最初来自苏利主教，不过首任建筑设计师显然也非常热心迫切和大胆创新，敢于创作出这个城市最高的建筑：40米宽，123米长，33米高，两座钟楼更是高达69米。他艺高人胆大，有自信有能力解决各种技术难题，比如西岱岛多沼泽和不坚实的地貌特点。作为哥特艺术的大师，他显著地减少了教堂支撑点的数量，墙壁变得更薄更细。"他构建的内部空间比其他任何建筑物都要高大，我以前从未见过谁采用这种建筑风格。"

对法国北部的建筑师和教堂兴建者来说，12世纪后半叶是人才迭出、竞争激烈的一个时代。在激情洋溢的院长絮热（Abbot Suger）指导下，圣德尼修道院大教堂的半圆形后殿刚刚竣工，为后来者树立了极高的标准。圣母院的兴建者没有模仿圣德尼和拉昂等教堂，以富丽堂皇和雕琢繁复来吸引信徒，而是舍弃之前教堂的杂乱无章，尽可能地扩展教堂内部空间。为了建造双重回廊，他采用了典雅的鼓形柱。教堂的垂直性和和谐的比例展现出平和宁静之感。中殿内的各式构件和装饰错落有致，层层叠放，内容多样而和谐一致，毫无杂乱拥挤之状，曲线优美，典雅庄重。想象一下，法兰西岛的阳光好似芊芊玉手，从裸白色的墙上抚过，在细细的扶壁上弹奏着乐章。想象一下，1180年前后，巴黎天空的云朵变幻多姿，塞纳河顺流而下的船上站满了人，看到这座拔地而起的巨大而威严的圣殿，该是何等的震撼和向往。

苏利主教严谨细致，精力过人，1177年聘用了第二任建筑师，并监督他按照计划建造了耳堂的东墙。这位建筑师具有雕琢细节的特殊天赋，墩柱的叶饰形态各异，直到今天依然栩栩如生。他深谙石材的特性，用料既能减少支撑点的尺寸，又能加固大教堂。他用承重能力极强又抗潮湿的巴黎石灰岩建造耳堂西面柱子，对于中殿内圆柱的用料，他选用了巴涅地区（Bagneux）的岩石，这是法兰西岛最好、最白和最硬的一种石材。和首位建筑设计师一样，他令人敬佩、成就斐然。

当第三任建筑师在 1200 年前后接过重担时，苏利主教已不幸离世，看不到教堂的最后完工了。此时，由于资金不足，只能优先修建西立面，暂时中断中殿的建造。第三任建筑师首先督造了未来西立面的各式支撑点，即附于中殿的扶壁、圆柱和承重墙。在国王廊之上，他只建成了一层，就在 1210 年至 1220 年之间被第四任所取代。第四任建筑师建好了西立面的玫瑰花窗、两座塔楼的大部和石灰岩垒砌的螺旋状楼梯。

13 世纪的建筑师让·德·谢耶（Jean de Chelles）和皮耶·德·蒙特厄依（Pierre de Montreuil），完成了教堂的建造，青史留名。他们建成耳堂的南臂和北臂，并安装好南面和北面的彩绘玻璃窗。事实上，圣母院历任建筑师试图创造一个浑然一体的建筑物，而不是单纯地解决一个问题，或在各处修修补补。他们都极为克制谨慎，让建筑各部分保持统一且均衡，以至于时常难以辨别某部分到底出于何人之手。

*

书归正传，现在来仔细审视教堂本身。巴黎圣母院不同于法国 12 世纪到 13 世纪的其他哥特教堂。虽然在光线运用、空间布局和结构清晰等方面践行了哥特原则，但圣母院摒弃了圣德尼大教堂富丽堂皇、繁复雕饰的华丽风格。她简单、纯朴、平和。她的魅力不在于絮热院长所钟情的富丽奢华，而在于交响乐般恢宏的空间感。它的浑然一体与和谐交融使立于教堂内外的每个人震撼不已，这也许是因为到了 12 世纪末期，教堂建造的艺术变成了逻辑艺术的缘故。

教堂建筑师们证明了他们既可以构想出理论中的庞大圣殿，也能将抽象的蓝图付诸现实。这些"建筑科学的博士们"，正如他们这样称呼自身的那样，掌握了在教堂学校和大学所学的数学科学。"他们的每一座建筑，都是对基督教神学的彰显，是对导师枯燥乏味的哲学和辩证思想的一种译介。"

然而，建筑师和石匠的所有聪明才智与精湛技艺，终究是为苏利等开明的高级教士的愿景所服务。故而，圣母院大教堂是逻辑方法与神秘主义两者的胜利。他们既关注静力学和动力学的利用，也关心基督教神学和神秘性的阐明，既重事实，又体现慈悲恩泽。

圣母院的一石一木、廊柱山墙，装饰典雅而细腻，简朴而庄严，雄伟而自然，庄重严肃却又宁静致远，处处显露出世俗思想与神圣思想的完美结合。

*

现在我们近距离观察一些建筑细部。正立面并排三座大门，其中门楣浮雕决定各门的主题：右边为圣安娜门，左边为圣母门，中门名为末日审判门。右边拱门由絮热院长捐助，敬献给圣母玛利亚，随后被命名为圣安娜门。玛利亚的母亲安娜在基督教信仰中也具有重要影响：1204年布洛瓦伯爵从君士坦丁堡运回了一件被认为是她头颅的圣骨，随之欧洲兴起一股崇拜圣安娜的热潮。木制大门的配件、铰链和浅雕都是铸铁制作，装饰题材主要是叶饰和鸟兽：交错灵动的枝叶，逼真多样的鸟雀和小动物。参与建造圣母院的很多雕刻家应该从金银工艺的技术和方法受到启发，把衣袍褶痕处理得尖利硬挺，增加了人物造型的奇崛效果。深入的凹进与明显突出的边缘体现了雕刻家对光影效果的重视。圣徒的体态和行动，主要以衣褶和纹理来表现。例如，对圣彼得（Saint Peter）和圣保罗（Saint Paul），雕刻家在法衣的两个衣褶处留出空间，配合光线来表现他们的个体形象。衣褶有时候像刀锋一样尖而利，有时候又像玫瑰花瓣一样圆润柔和。

左边拱门是圣母门，装饰有中世纪最早的一批等身雕像，它们主要是巴黎人最尊崇的圣徒们。他们的遗物在这座教堂均有保存。圣母院拥有的圣骨非常齐全：圣日内维埃芙的上臂和几节指骨，圣德尼的头盖骨，圣斯蒂芬（Saint Stephen）受石刑时候的石块，圣母玛利亚的几缕头发，还有施洗者约翰（John the Baptist）的一对牙齿，圣安德鲁（Saint Andrew）一只完整的胳膊。哥特雕刻具有某种写实主义特色，圣母门四周的雕饰有每月农耕活动的场景和黄道十二宫图，趣味盎然。

中门是更高更大的末日审判门，门楣处浮雕有描绘天使长米迦勒用秤衡量人的灵魂的画面。大门周围刻有聪明童女和愚拙童女的寓言故事，而门侧使徒雕像下方的基座上镌刻着美德和罪恶化身的形象。1823 年，乔里蒙特（Francois Theodore de Jolimont）在《巴黎圣母院精妙绝伦的细节》（*Remarkable Details of Notre-Dame de Paris*）中描绘道：

> 一头巨大的恶龙象征着地狱，它的肚子是一口沸腾的热锅，小恶魔们在里面举着叉子，口吐恶言，牵拉着脑袋，不停咒骂。这些奇特描绘中最引人注目的是把"淫欲"（Lust）恶魔塑造得如此激情四射，不免令观者感到迷惑不已：他们真的是要进入一个宗教场所、信仰之地吗？然而，在那个道德纯朴的时代，传统上用脖子上缠绕着金色阳物来形容罗马最纯洁的妇女的虔敬，岂非更不得体。

想要欣赏 12 世纪的雕刻家如何描绘淫欲，只能等到圣母院重新对公众开放的时候，读者们才能亲自观摩一番。

当圣德尼大教堂因为王室的慷慨捐助而流光溢彩、奢侈至极时，巴黎圣母院的兴建更应该感谢一位睿智和有远见的主教，以及乐于献身的教士和普通信众。故而，圣母院恰当地表现了城镇市民的自尊自信，就像她塔尖的完美和圆满，山墙与小尖塔向上攀升，意欲与梦中之城天堂相接，这是以上帝之城来赞美城市风貌的理性化。她的尖塔是乐善好施的表现，在城墙之内保护着商业的安全，她的中殿是这个城市中心唯一庇荫之地。在她之外，城市不过是狭小的破街陋巷、污秽不堪、斯文扫地。

*

百年战争（Hundred Years' War，1337—1453 年）喋血鏖战，满目疮痍，终结了法国历史上影响深远和时间最长的持久繁荣和发展。圣母院难以置身事外，也遭到蹂躏和破坏。一部分彩绘玻璃窗被拆掉，十字架隔屏、唱诗堂屏风和围栏遭到毁坏。虽然在几个世纪里被居心叵测的恶徒推来搡去和恐吓欺负，但是她依然卓尔不群，等待着有心人来恢复和重建。19 世纪中期，欧仁·维奥莱 - 勒 - 杜克不负众望，重现其中世纪盛期的辉煌和壮美。

第三章

波旁王朝（1594—1638 年）

为巴黎做一场弥撒是值得的。

——《产妇的絮语》（*Les Caquets de l'accouchée*，1622）

在法国宗教战争（1562—1598）的最后阶段，巴黎变为类似圣杯（Holy Grail）一样的象征与标志。征服占领它的人，将注定成为法兰西唯一的合法统治者，并结束长达几十年的内战。自1589年8月1日亨利三世（Henry III）遇刺身亡后，这个国家陷入无序与混乱，国无共主，萧墙争斗。两方势力彼此混战：一方是天主教同盟（Catholic League），主要包括温和派和极端派，他们控制着首都巴黎；另一方为纳瓦拉（Navarre）国王亨利四世，理论上也是法兰西国王，这位信奉新教的王子赢得了胡格诺新教徒，以及占领沙特尔和博斯（Beauce）等农业富饶地区的"保王天主教联盟"（royal Catholics）的支持。双方兵力旗鼓相当，即便偶尔有外国军队介入支援，也伯仲难分，输赢难定。战争的结局并不取决于战场之上，而在于政治与宗教上的妥协谈判。巴黎因而成为心理战和宣传战的主战场。双方运筹帷幄，各出奇招，以招揽立场摇摆不定的人，并动摇敌军士气。

长久以来，法国人把巴黎看作继罗马之后基督教世界的第二个帝国首都。让一个新教徒国王来统治巴黎甚至整个法国，这对天主教同盟来说简直不可思议。亨利四世的拥护者不仅认为巴黎是法国乃至整个欧洲的荣耀所在，还深信这个城市的威信与王权的权威是紧密相连的，亨利轻视巴黎的影响力与声望，拒绝叩开和进入巴黎城门将是一个巨大的错误。不过天主教同盟也犯了战略失误，他们 1593 年 1 月 26 日在巴黎召开三级会议，这直接促使亨利向两个阵营中的温和派抛出了橄榄枝。亨利意识到他必须要迅速果断，因为天主教同盟已经决定选举一位天主教徒国王，并会在兰斯大教堂举行加冕仪式。亨利要求"保王天主教联盟"支持他与天主教同盟中的温和派进行谈判。双方在巴黎西部的苏尔纳（Suresnes）达成协议：亨利在 1593 年 7 月放弃了新教信仰。

这个重大决定一石激起千层浪，在全国各地引发支持亨利四世的热潮，天主教城市也开始效忠国王。因为巴黎仍在抵抗，1594 年 2 月 27 日，亨利选择在沙特尔大教堂举行加冕典礼。大主教给国王行涂油礼，大大增强了国王的权威和声望。但是，亨利四世明白，他仍然必须以真心诚意打动和取信于巴黎人，没有巴黎城的支持，他难以有效地统治法国。他要向巴黎进军，刻不容缓。

最重要的天主教同盟成员弃巴黎而去，这座城市唾手可得。现在唯一的问题是，以恰当和缓的方式令那些负隅顽抗的巴黎人放弃成见、服从效忠。1594 年 3 月 22 日，黎明时分，晨雾浓浓，细雨蒙蒙，亨利四世在几千名军队的护卫下悄悄抵近巴黎的两座城门，即杜伊勒里宫（Tuileries）附近的新门（Porte Neuve），以及圣德尼门（Porte Saint-Denis）。吊桥很快落了下来。两队前锋一马当先，进入都城侦察情况，一队人马沿着圣奥诺雷路（rue Saint-Honore）向东，另一队顺着塞纳河边朝卢浮宫进发。他们和天主教西班牙的士兵发生了一些小规模战斗，不过两队人成功在西岱岛对面、塞纳河右岸夏特莱堡（Chatelet）会合。道路被清理畅通：亨利现在可以骑马进入首都了。

亨利未携刀剑、身着胸甲，沉着地进入西岱岛，他并未禁止巴黎人靠近王驾。民众上前欢迎，有的还触碰到了他的马镫。"国王万岁！"高呼声不绝于耳。人群越聚越多，簇拥着他往巴黎的心脏而去。他知道，在去卢浮宫之前必须要先到一个地方。当他左转进入新圣母院大街时，巴黎圣母院钟声齐鸣，震动人心。国王进城的消息已经传到大教堂神职人员那里，他们已经准备好迎接他了。

亨利甩蹬下马，站在教堂的前院，不知道此时他是否想起22年前的1572年8月18日，即他与瓦卢瓦的玛格丽特（Margaret of Valois）结婚的日子？同样的地点，却已时过境迁，当时他的叔父查理·德·波旁红衣主教（Cardinal de Bourbon）也参加了这次王室婚礼。由于亨利是新教徒而新娘是天主教徒，玛格丽特进入教堂之后，亨利及随行的新教徒不能进入，必须待在教堂前院等着新娘。6天之后，巴黎市中心爆发针对新教徒的圣巴托罗缪大屠杀（Saint Bartholomew's Day Massacre），余波很快扩及法国其他城镇，极大动摇了国本根基。这对亨利的婚姻，似乎也是一个诅咒，后来两人离婚分手。大屠杀之后，成千上万的法国人丧生于这场血腥的宗教战争。

风云变幻，1594 年 3 月，亨利在军队的保护和群众的拥护中进入教堂。他穿过唱诗堂，在祭坛前面跪下，为国家和平与民族和解而祈祷。他跪着虔诚祈祷时，《感恩赞》的音乐和颂歌开始响彻中殿。数千巴黎人受国王触动，渐渐加入其中，吟唱着"恩典与宽恕"（grace et pardon）。同时，悠扬的钟声叮当响起，登时钟乐齐鸣，彼此交融，在西岱岛汇成一支气势磅礴的协奏曲，感人而动听，绕梁而不绝。

一切都按照之前深思熟虑所制订的计划进行，亨利在圣母院里面时，他麾下的士兵在专为过路人或朝圣者准备的屋舍内等候。一天前在圣德尼印制好的传单四处分发给市民，上书亨利与人为善、胸怀慈悲，他不会进行报复，也不会惩罚天主教同盟的成员；他只要求他们离开首都。对那些不会识文断字的市民，街头公告员在每个十字路口，拿着摇铃，大声读着传单告示，喊着"恩典与宽恕"。亨利向仍然滞留在巴黎的天主教同盟人员派出谈判代表，要求他们马上离开。这一整套操作已经演练多好几次。巴黎人被和平地征服了，最后与他们的国王和解，成为忠实的臣民。天主教同盟依旧占据兰斯等教会城市时，亨利四世选择让波旁王室与巴黎圣母院进行合作，因为她敞开怀抱接纳了这位新皈依天主教的国王。

国王回到了巴黎，回到卢浮宫，而巴黎也重新成为权力的中心。虽然亨利又用了4年时间才完全控制整个国家，但是决定性的战役却是1594年3月22日的攻心战。在这一天，他赢得了巴黎人民的心，并被他们赞誉为"亨利大帝"（Henri le Grand）。为了纪念这一历史性的重要日子，随后两个世纪里，每年都会准时举行从圣母院出发到左岸大奥古斯丁修道院（Grands-Augustins）的列队宗教游行，并举行纪念这位波旁王朝的开创者、贤明君王的弥撒，直到1793年雅各宾派专政时期才取消。

*

亨利四世之子路易十三，进一步增强了圣母院与波旁王室及国家之间的纽带联系。自1630年秋天他从病痛折磨中恢复好转之后，一直在思考应该如何做。他写下好多版本的文件草稿，都是关于他所谓的宣誓（Vow）。最终，1638年2月10日，他在正式文本中透露了其目的和意图："吾谨以本人和吾王国献给上帝和伟大的圣母；吾敬献本人和吾王国于他们的尊贵与荣耀，相信他们将给予我力量和协助，吾发誓永远遵守这个誓约，永不毁诺，吾将为世界和未来建造一座丰碑，以表我虔诚之心。"接着他写道：

> 我们特此宣誓，以无比圣洁和极为神圣的玛利亚为我
> 们王国的特别守护神，我们把我们自己、我们的国家、我
> 们的王权和我们的臣民奉献给她……我们将为巴黎圣母院
> 重建一座新祭坛，并献上一尊圣母玛利亚抱着她心爱的儿
> 子从十字架上下来的雕像，我们将跪在他们的脚下，献上
> 我们的王冠和权杖。

8月15日，路易十三选定的那天，一支特殊的队伍从巴黎圣母院出发进行列队游行，所有皇亲国戚、贵族官吏受命参加。路易十三的誓约不仅在法国掀起了崇拜圣母玛利亚的信仰热情；它还令到沙特尔大教堂的朝圣之路黯淡失色，此前它一直是历史上极为著名和极受欢迎的朝拜圣母的路线。一个特殊事件为路易十三的宣誓增添了神迹的光环。他的王后安娜婚后23年无子嗣，这之后竟然第一次怀孕成功并诞下一子，即未来的太阳王路易十四。

路易十三所设想的丰碑被他儿子恰如其分地变为现实，路易十四希望自己能够遵循父亲的誓言。雕塑家尼古拉斯·库斯托和纪尧姆·库斯托（Nicolas and Guillaume Coustou）受命制作圣母怜子像和路易十三向圣母和耶稣基督奉上王冠的塑像，安东尼·柯塞沃克（Antoine Coysevox）制作了一尊路易十四跪像。两位国王分列圣母怜子像两侧。三尊雕像整体效果令人惊叹不已：

圣母玛利亚在正中间，伸着手臂，脸望向天空。一位母亲的悲痛和对上帝的无比谦恭，以最真挚和最庄严的方式表现出来。耶稣被从十字架上放下后，她用膝盖支撑着儿子的头和一部分身体，耶稣身体其他部分躺在一块裹尸布上：一个青年形象的天使跪在旁边，翅膀微张，抓着救世主的手，另一个天使哀痛地擎着王冠……这几尊大理石雕像极其雅致……艺术家在形态和轮廓之美中表现出了上帝的无上恩泽。

波旁王室捐资制作了圣母院所有的艺术作品和装饰。每座礼拜堂，甚至每根墩柱上，都装饰有画作。战场上缴获的战旗和各色旗帜都展示在这里，悬挂在中殿和楼廊的上上下下。15世纪的一项传统习俗"五月节"（Mays）在1630年复苏。每年，巴黎金匠公会雇用当时最有才华的艺术家创作一幅名为《五月》（May）的巨型油画（4米长、3米宽），并在5月1日的庆典上献给圣母院。油画会在当天放在圣母玛利亚旁边。这个传统一直延续到1707年，累计76幅名为《五月》的油画，后来由于大教堂内已无地方悬挂，就把其中很多油画送往法国其他教堂，作为它们的装饰画作。圣母院因而成为法国第一座非正式的博物馆，即第一个供大家免费欣赏艺术的场所。

自此，"我们的女士"得到了王室的青睐与支持，令圣德尼和亚眠等教堂不能比肩。圣母院成为举行国家事务典礼仪式的最佳场所，而且在很多时候，其仪式的政治意蕴比宗教因素还要浓厚，有助于增强当时政权的权威。

第四章

理性、最高主宰与葡萄酒

这场典礼与其说是宗教仪式，不如说是军事操练。

1789 年 7 月 14 日攻占巴士底狱（Bastille），成为烙进法国民族记忆和世界想象力的一个重大事件。不过后来呢？7 月 15 日又发生了什么呢？今天，谁还会记得那些攻占了这座旧监狱，释放其中的囚犯，杀死守卫，成群结队冲向巴黎圣母院，并在此举行赞美感恩仪式来庆贺胜利的巴黎人？在他们新选举的市长和制宪议会（National Assembly）议长——天文学家让·西尔万·巴依（Jean Sylvain Bailly）的带领下，巴黎人为革命的爆发和旧制度的终结向"我们的女士"表示感谢。巴黎市民延续着法国王室的传统，在国家重大时刻在圣母院举行感恩弥撒，只不过革命群众彻底改变了仪式的象征意义。这座教堂似乎在过去和现在之间架设了一座桥梁，为光明辉煌的革命未来打开了一扇窗。

大革命时期，巴黎圣母院对法国人具有非凡的意义。无一例外，所有派别的革命者都会借助于她的神圣光环。也许正是这个原因，这座大教堂在大革命的血雨腥风中才一直没有被关闭。

旧制度的最后几十年，圣母院成为革命论争的一个象征物，因为只有在这里，国王才会纡尊降贵，偶尔出现在他的人民面前。巴黎人对他不在巴黎越来越愤怒。在中世纪和瓦卢瓦王朝（Valois，1328—1589 年），世俗的和精神的权力、国王和主教就在西岱岛和右岸的卢浮宫，就在人民身边，巴黎人已经习惯了这一点。然而，波旁王朝最后几位国王忽视巴黎及人民，久居城外的凡尔赛宫。

1682 年，路易十四将宫廷和政府移至凡尔赛，目的是更好地控制贵族和政府，并向造访者炫耀凡尔赛宫的华丽壮观。但是一个世纪后，对他的玄孙路易十六（Louis XVI）来说，离开卢浮宫则是一个战略失误，代价惨痛。然而，路易十六对其行为引发的怨怒愤恨充耳不闻，几乎很少驻足巴黎城。即便他来，一般也是去巴黎圣母院参加特别的弥撒仪式，身边有 100 名瑞士雇佣兵组成的王室卫队紧紧保护。即使在唱诗堂，也很少有人能见到他。仪式结束后，国王会马上离开，回到凡尔赛宫，徒留巴黎的王宫人烟寥落、人民萧索伤心。这是他的另一个失误之处。这种行为日益被视为一种傲慢和蔑视，一个火星就会点燃堆积在人们心头的怨怒。

攻占巴士底狱不到月余，另一重大事件震动整个法国：1789 年 8 月 4 日，经过几小时的激烈辩论和投票，制宪议会宣布废除封建权利，取消教士和贵族的很多特权，解除人身奴役关系，施行纳税平等。市镇、各省、公司和城市也宣称放弃其特权。巴黎再一次转向圣母院，欲借助其重要影响。这次历史性投票刚过去几小时，革命者就在这里举行了弥撒仪式，以表达他们的欢欣鼓舞和感恩致谢。由此可知，圣母院的这些典礼仪式，将政治变动展示给整个法国和欧洲其他国家，赋予了政治事件和革命领袖所渴望的合法性与正统性。对于法国政治局势惶恐不安的邻国国王来说，圣母院以其历史延续性，提供了某种程度的心理慰藉、安抚和保证。

制宪议会的1200名议员为他们短时间取得的成就振奋不已，比如特权的废除，《人权宣言》（*Universal Declaration of the Right of Man*）于8月26日投票通过（1791年成为法国新宪法的前言）。但是，他们也为国王和大多数保守派议员的拖延战术而苦恼。

很多革命者认为，最紧要的是把国王带回巴黎，让国王与他的人民以及现实离得更近一些。1789年10月5日和6日，这个目标实现了。10月5日早上7点，几千名巴黎人，其中大部分是妇女，聚集在巴黎市政厅前面。她们的诉求五花八门，例如要求国王正式批准《人权宣言》，供应更多的面包，国王一家返回巴黎，用拉法耶特侯爵（Marquis de Lafayette）指挥的国民自卫军（National Guard）取代瑞士雇佣兵组成的王室卫队，强制佩戴三色帽徽，等等。

不久后，这些妇女向凡尔赛进军，要与国王直接对话，在她们身后跟随着2万名国民自卫军士兵。路易十六惊慌失措，表示可以接受群众的要求，不过有一条暂不能答应——国王一家人迁回巴黎。他回应说需要再考虑考虑，而留给他的时间并不多。6日清晨，整夜饮酒狂欢的人群变得烦躁愤怒，态度开始转为强硬：他们杀死两个卫兵，冲入王后玛丽·安托瓦内特（Marie-Antoinette）的寝殿。王后穿着睡袍狼狈奔出，去找路易十六。面如死灰的路易十六终于同意回巴黎。民众和国民自卫军"护送"着未来得及梳洗打扮的国王夫妇及其孩子到达杜伊勒里宫，他们被要求必须住在这里。国王从此再也没能看到凡尔赛宫。

国王在哪里，政府就在哪里。随着路易十六回到巴黎，制宪议会也迁回首都。议员们在首都的第一次会议就在12世纪莫里斯·德·苏利所兴建的圣母院主教宫举行。几天后，在巴黎大主教这座富丽堂皇的宅邸，制宪议会决定没收所有的教会财产。作为交换条件，政府将给教士发放薪金，还会为教会所属的济贫院和医院提供资金。另外，为了得到最初就站在革命一边的下层贫穷教士的支持，议员们一致认为，每位教士将获得不少于1200利弗尔的年金，这个数额是之前教会所能发放的两倍。

然而，社会动荡，政府早已税收骤降，国库空虚，现金流转问题严峻，迫切需要开源节流，增加收入，以应对日益紧张的局势。出售教会财产——卖给人民——既能解决财政亏空，又能得到民众的支持，一举两得。这些议员就在主教宫内对这一重要决定进行了激烈辩论和投票表决，真可谓肆无忌惮，不过恰恰说明，他们深信上帝和神圣的正义是在他们这边——人民这边的。

随后几个月内，革命者雷厉风行，对民众生活的各个方面，特别是宗教事务进行了政府干预。1790 年 2 月 13 日，制宪议会发布法令，取消本笃会等修道院体制，解散所有被认为无用的宗教团体（那些不再举行任何仪式和圣礼，没有提供教育和医疗服务的机构）。制宪议会还向前跨了一大步，决定把教会收归国有，于 1790 年 7 月 12 日颁布了《教士公民组织法》（*Civil Constitution of the Clergy*）。这是一项简单的，更确切地说是笛卡尔式的尝试，即重组法国的天主教会，设立在国家权力控制下的管理机构和财政体制。例如，它把主教人数从 135 位减少到 83 位，正好与法国新行政区划 83 个省相一致；规定主教和教士由教区居民选举产生，新当选教士必须宣誓效忠法律与国家；拒绝宣誓效忠者不得担任圣职。很多主教抗拒不从，因此被剥夺了其各项权利。路易十六虽然内心反对，但是身不由己，惶悚不安，最后只能无奈地签署了该法令。

1791 年 1 月 16 日，在圣母院，由宣誓派教士（constitutional clergy）第一次主持弥撒仪式。随后，教堂中殿变成了一个大型投票站，巴黎人在此选举新的神职人员，取代拒绝宣誓的教士。一共举行了 6 次投票，每次投票之后都会举行弥撒。最后，3 月 17 日，宣誓派巴黎大主教让-巴蒂斯特·高贝尔（Jean-Baptiste Gobel）在圣母院为其同事们举行了授职礼。一位观礼者感到匪夷所思："这场典礼与其说是宗教仪式，不如说是军事操练。军鼓咚咚喧闹不断，一个团的国民自卫军士兵口号连天，就是不见一位真正的教士。"事实上，这一点也不令人感到意外：就在前一天，教皇断绝了与革命法国的一切外交关系。教皇庇护六世（Pius VI），在大革命初期曾一度持保留态度，此时被《教士公民组织法》所激怒。他认为《教士公民组织法》是异端思想，亵渎神灵，造成教会分裂。

如此多主教和教士抗拒《教士公民组织法》，加上教皇不友好的态度，不仅撕裂了法国教会，使反抗派教士（refractory clergy）被视为人民的敌人，还加深了法国当局对宗教事务的怀疑和猜忌。随着革命日益激进化，制宪议会对天主教的态度和举措也愈加强硬。

1792年夏天是一个转折点。路易十六和家人试图逃离法国，被追回之后羁押。9月21日君主制被废除，翌日，法兰西第一共和国（First Republic）宣告成立。不久，国民公会作为特别法庭开始对国王审判，并在1793年1月16日经量刑表决，以多数票判处其死刑。1月21日中午，路易十六被推上卡鲁索广场（place du Carrousel，今天卢浮宫玻璃金字塔的对面）的断头台。

欧洲绝对君主制国家几乎都在叫嚣，要碾碎年轻的共和国。为了反击邻国对法国领土的侵略，1793年1月24日，国民公会宣布大规模征兵30万人。同时，旺代（Vendée）爆发了反革命叛乱。国民公会既要应对内战，又要与敌焰嚣张的邻国决一死斗。他们没有时间去安抚那些异见人士，而是强制实施恐怖统治，以镇压所有的敌对势力。在革命者眼里，反抗派教士异动频繁，号召力强，不仅是人民凶恶的敌人，还成为宗教狂热和保王主义的象征。

圣母院没有逃过恐怖统治的欺凌。首先，所有的钟和铜制艺术品，比如十字架和读经台（lectern），被没收并经熔化后，全部制成了大炮；其次，礼拜堂中所有的铅制灵柩被熔化制成子弹。3月8日，法军在属于今天比利时的领土上遭受重大失利，圣母院塔楼悬挂起黑布，以表示对牺牲战士的哀悼。革命者慢慢地依照他们的想象改建着这座教堂。10月23日，革命分子认为教堂正面国王廊的28尊雕塑是法国历代国王，下令把他们全部砍头。一名石匠挨个砍掉了这些国王的头颅。不久后，建于15世纪的尖塔遭到拆除，原因很简单：它早就摇摇欲坠，随时可能垮塌。不过，幸好还有一批有心人想方设法，不离不弃，尽量保护教堂免受更严重的破坏。

圣母院原有的一些教士选择宣誓效忠法律和国家，真正的目的是小心照看圣母院，保证她在革命的暴风骤雨中存活下来。教堂的管风琴师为讨好官员和无套裤汉时常演奏革命歌曲，而其他人则小心地把圣物和雕像藏匿了起来，例如"路易十三的宣誓"（The Vow of Louis XIII）的几尊雕像就从唱诗堂消失不见。28岁的考古学家、中世纪研究专家亚历山大·勒努瓦（Alexandre Lenoir）自学成才，深知历史文物的重要意义。他说服了市长巴依和国民公会，把所有没收的艺术品集中存放在安全的地方；他认为小奥古斯丁修道院（Petits Augustins）就是个不错的场所。

革命者喜欢勒努瓦建议的合理性和集中化逻辑，批准了他的请求。但是他们不知道，勒努瓦利用每个机会从抢劫者手中寻回艺术品，还未雨绸缪地把文物转移，以防暴徒的洗劫和破坏。在恐怖统治结束后，1795年，他组建法国文物博物馆（Musemu of French Monuments），存放和展示其保护下来的所有珍品，它成为法国继卢浮宫之后的第二座国家博物馆。

1793年11月7日，法国当局在主教宫逮捕了巴黎大主教让-巴蒂斯特·高贝尔。这对法国教会甚至是宣誓派教士，都不是一个好兆头。三天后，天主教在法国被废除和禁止。法国将只有一个官方信仰：理性（Reason）。巴黎多数教堂陆续遭到关闭，巴黎圣母院虽然依旧开放，不过供奉的是新神明，圣母院被改名为"理性圣殿"。翌日，国民公会投票通过一项法令，要举行一次致敬理性的仪式，感谢它把人民从"奴役的偏见和宗教的盲信中解放出来"。该法令规定，"国民自卫军军乐团将在自由女神像——原来置放圣母怜子像的位置——的前面演奏爱国主义歌曲"。该仪式计划于11月12日，即共和二年雾月22日举行。崇信理性的革命者有两天时间来装点中殿和唱诗堂。

对观礼者而言，这无疑是一场"奇怪的典礼仪式"。葱葱绿草覆盖的一座山丘（土丘）耸立在中殿内。在山顶，有一座小型哥特神殿，塔楼基座上雕刻着哲学家们的半身塑像，他们庄严而肃穆地看向前方。圣殿柱头上刻着"献给哲学"（À la Philosophie）几个字。这座"山丘"的一侧置放一块巨大岩石，当作一个圆形祭坛的基座，祭坛上立着一把熊熊燃烧的火炬——真理的火炬。一群少女身着白色衣裙，头戴橡树花环，每人擎着一把火炬，缓缓地从"山丘"上走下来。此时，教堂中门突然打开，象征理性女神的一位风情女子进入中殿，走向唱诗堂——这里已被布置成一片草地。音乐声中，她端坐于此。在对她的赞歌快结束时，"理性女神"迈步走向哥特神殿，然后，对众人回眸一笑。典礼到此结束。很多观礼者事后回忆时，嘴里蹦出的都是"可笑""荒诞不经""无比愚蠢""可怕""令人厌恶"和"该受天谴"这类词语。非基督教化运动从来不是一个简单的任务，即便是对法国的共和主义者而言。

随后的日子里，此类稀奇仪式和荒诞事件层出不穷。比如，圣母院被用作演讲厅，供地方治安官举行事关道德的会议，议员们也在此向公众宣读他们颁布的每一部法律。重大事件会举行特别仪式，比如 1794 年 1 月奴隶制的废除。然而，理性崇拜很快被另一种"信仰"踢开：罗伯斯庇尔的信仰及"最高主宰"（Supreme Being）。

1794 年 5 月正值雅各宾派恐怖政治的巅峰时期，罗伯斯庇尔试图以崇拜"最高主宰"来鼓起群众已经冷却的热情。圣母院又一次被世俗所征用和玷污，被用来致敬"最高主宰与灵魂不朽"。6 月 8 日（牧月 20 日），圣母院举行盛大的最高主宰节仪式，人们反应冷淡。此时，教堂部分区域充当着储酒仓库，这些葡萄酒都是从流亡贵族等人民公敌家中没收的。据说在 1794 年和 1795 年，有 1500 桶酒储存在圣母院小礼拜堂里，那里是储放葡萄酒的理想仓库。

罗伯斯庇尔最后沦为自己所造怪物的牺牲品，1794 年 7 月 28 日在协和广场（place de la Concorde）被送上断头台。恐怖政治终于结束。一年后的 1795 年 8 月 15 日，巴黎圣母院被归还给天主教会，不过依然在国家的严密控制下。拿破仑很快悟出一个道理：与天主教会和解对法兰西民族至关重要。1802 年，他精明地与教皇庇护七世（Pius VII）达成宗教协议。与所有法国领袖一样，拿破仑也将利用圣母院作为一个雄伟的舞台。

第五章

拿破仑加冕典礼

皇帝陛下万岁!

"大革命这个传奇故事已然成为历史,我们必须开始新的征程。我们必须实事求是地贯彻它的原则。我们必须治理国家,而不是高谈阔论。"1799 年 11 月 9 日政变(倘若以新革命历法来计算的话,即著名的雾月 18 日政变)之后,30 岁的拿破仑·波拿巴在国民公会这样讲道。

经过不流血和计划缜密的政变,拿破仑推翻了督政府(the Directory,从 1795 年开始统治法国的五人委员会),成为法国第一执政。他曾正式阐明过执政府的新宪法:"国民们,革命已经稳定在革命开始时提出若干原则之上,革命结束了。"这部新宪法,奠基于平等、自由和财产权等代议制政府的原则之上,只有在新政权稳固的统治下才能得到保证。

年轻的第一执政很清楚,现下最紧要事情之一,是解决 10 年动荡所酿成的宗教危机。法国这个当时最重要的天主教国家必须与教皇达成和解。这样做符合每个人的利益。拿破仑需要与教会结成政治同盟,前提是教会承认政教分离原则。法国人可能依然属于天主教会,不过他们一劳永逸地推翻了旧制度。

教会必须接受这个现实，而且必须承认法国政府在教育和社会秩序方面的权力。

1800 年 3 月，罗马选出新教皇，这是个绝好时机。庇护七世想要重建统一的天主教会，法国不仅必不可少，且会发挥重要的作用。法国大革命对天主教会造成了严重的创伤。首先，它失去了所有教产；其次，它抵抗无效，《教士公民组织法》得到施行，宣誓派教士均由法国当局任命。1794 年国家的世俗化意味着天主教会的活动被严格限制在信徒家中。庇护七世的要求是：结束法国天主教会的分裂，在法国所有教堂中，天主教徒能够自由地祈祷和信仰。

1800 年 6 月 14 日，拿破仑在意大利皮埃蒙特（Pied-mont）的马伦哥（Marengo）战役中取得重大胜利，随后遣使给教皇送达了一封和解书。11 月，法国政府在巴黎与教皇特使开始谈判，在接下来的 8 个月中，陆续就 21 种不同的协议方案进行商榷。教产问题很快得到解决：教会接受它们国有化的事实，不过作为交换，教会享有使用权；国家为教士支付工资。但是，教皇坚持认为，法国应宣布天主教为国教，其教士由罗马教廷任命。拿破仑断然拒绝，威胁要让整个法国皈依新教，并进军教皇国，谈判完全陷入僵局。

不过，拿破仑知道，是时候把法国人的信仰归还给他们了，不能再错过日常的宗教仪式和信仰传统。1801 年 6 月 21 日，西岱岛所有居民联名签署一份请愿书，要求重新敲响埃曼纽尔钟。

巴黎人想念圣母院浑厚且灵性的钟声，他们并不介意钟声因何而起，无论是为政府的公共庆典，还是教会的宗教仪式。

更多的外交官围绕在谈判桌旁，主要工作是研究该协议的恰当措辞。教皇最后同意法国政府对教会的定位，即天主教不是法国的国教，而是"大多数法国人的宗教"。不过，他要求教会的活动应是公开和自由的。拿破仑的哥哥约瑟夫找到了让第一执政满意的语词："天主教宗教仪式必须遵守警方规定，不能破坏公共秩序。"7月15日午夜，双方签署了这份被称为《教务专约》（Concordat）的协议。

教廷很快颁布教皇训谕，批准了《教务专约》。不过直到8周后，拿破仑才正式批准该协议，又过了7个月，法国立法机构才投票通过。1802年4月8日，法国立法机构所公布的法案定稿（228票赞成，21票反对）对最初文本做了大量修改，形成77条新条款。它们主要由非宗教信徒的议员们所倡议添加。概言之，他们认为法国教会应是一个民族教会，要受国家权力的严格控制，尽可能避免受罗马教廷的影响。在他们看来，教皇绝非永远无谬，他必须尊重民族的传统，不能废黜国家的领袖，也不能号召天主教徒抗拒自己国家的法律和责任义务。

教皇对此极为不满。不过法国人欢欣鼓舞，终于能够重燃热情，可以举行原先喜爱的典礼仪式，遵守宗教传统和习俗。拿破仑也希望举行一个传统的盛大仪式来昭示权威。1802年4月18日是圣枝主日（Palm Sunday），由罗马教廷红衣主教乔瓦尼·巴蒂斯塔·卡普拉拉（Giovanni Battista Caprara）主持，在圣母院举行了盛大的弥撒仪式，第一执政、立法机构所有成员、参政院成员、高等法官、巴黎市政官员参加了仪式。筹备工作花了几周时间，当时的教堂破败不堪、人气凋零，"景状非常糟糕"，需要大量装饰来遮掩。"中殿里挂满了哥白林厂制作的大型壁毯，还从卢浮宫借来了很多绘画名作。"第一执政的宝座两厢是4根象征权力的束棒，头顶是金色华盖，对面是红衣大主教的座席。祭坛上立着6根银制十字架，每根3.6米高。拿破仑的家人坐在中殿和唱诗堂之间临时搭建的观礼台上。"第一执政的母亲从座位正好能看到自己的5个儿子，他们庄重严肃地坐在这里。上帝赐予她这些孩子，而她好似上帝和孩子之间的纽带。"

卡普拉拉先主持了一场诵经弥撒。在诵读《福音书》之后，6位大主教和10位主教一一出列，面向第一执政拿破仑进行宣誓。这一象征意义显而易见：拿破仑允许天主教回返法国的心脏，不过它必须受政府，即拿破仑的控制。最后，主教们向拿破仑鞠躬致意，位于唱诗堂的两支管弦乐团，共150名音乐家开始演奏《感恩赞》。乐团分别由法国的梅于尔（Etienne Méhul）和意大利的凯鲁比尼（Luigi Cherubini）指挥，他们是当时最负盛名的天才音乐家。《感恩赞》在中殿响起，如天籁般沁入心灵，庆祝《教务专约》的签署和天主教信仰的恢复。圣母院的敲钟人吉尔伯特（Gilbert）在楼廊上目睹了这一切。他回忆说："最终，法国和欧洲达成和解，而欧洲也与自身和解。"

拿破仑一如既往地务实高效。两天后，他下令把自己的浴室改造为一间私人礼拜堂，"用一件宗教题材的绘画或者壁毯把镜子遮起来"。

*

之后两年里，英吉利海峡两岸阴云密布，公开和私下的冲突不断。拿破仑着手准备进攻英国，而英国不断策划暗杀法国领袖的行动。拿破仑在回复麾下将领的书信中提到，军事远征的可能性变得越来越大。在两国关系最紧张时期，法国组建了一支由 1831 艘各类舰艇和 16.7 万名士兵组成的庞大舰队。军营设置在布伦（Boulogne）和诺曼底沿海各地，连绵几十公里。拿破仑策马东奔西跑，巡视各地，检阅部队情况，从防御工事、营地医疗卫生到酒类供应，事无巨细，一一过问。他特别喜欢深入官兵营地，与他们聊天，尽可能地为他们提供更好的生活条件。他曾预计"进攻不列颠将需要 30 万品脱的白兰地酒"。

所有海军将领都反对远征英国。1803 年 11 月，拿破仑在一封信中写道，法国应该为 6 个世纪的屈辱而复仇。路易十四在 1692 年曾经寻找机会意欲复仇，路易十五和拿破仑也分别在 1779 年和 1797 年寻觅良机，但是，这些尝试要么失败，要么放弃。事实上，10 万多法国士兵不足以征服 1700 万的不列颠人，此外，英国人为了抵抗入侵，在不列颠南部每座城镇驻有卫戍部队，建造烽火台，大量储备物资，并在伦敦南部周边修筑临时防护墙。

与此同时，英国加大了策动保王党叛乱的力度，并不惜组织保王党分子暗杀拿破仑。刺杀计划最后失败，阴谋分子未及行动便一一落网。对此，拿破仑已经波澜不惊、习以为常，他信赖约瑟夫·富歇（Joseph Fouché）所领导的密探们。他们精干高效，总能事先侦知并阻止阴谋。然而，其中一起刺杀案彻底激怒了第一执政。路易十三的嫡系后裔昂吉安公爵（Duke of Enghien），是曾在瓦尔密战役（Battle of Valmy）中指挥法国流亡者军队的孔代亲王的孙子，据说他参与了刺杀阴谋。拿破仑认为，是时候让波旁家族看一看，自己的血和他们的一样高贵。

很快，昂吉安公爵在德意志巴登大公国（Baden）埃滕海姆（Ettenheim）居住地，被一小队法国士兵劫持，关押到巴黎东边的文森斯城堡（Vincennes）。从搜出的文件知晓，昂吉安公爵从英国获得巨额资助，并向英国和奥地利的反法军队提供帮助，他还声称非常渴望拿破仑一命呜呼。虽然没有证据表明他直接参与了刺杀案，但这些也足够以叛国罪对他进行军事审判了。公爵承认对拿破仑恨之入骨，连夜被处决。在当时很多观察家看来，处决昂吉安公爵是一个悲剧性的错误，从此之后，欧洲的自由主义者开始把拿破仑看作陌路人。富歇认为："这是一个愚蠢的错误，它比犯罪还要严重。"

为了使敌人暗杀拿破仑失去意义，法国元老院成员开始构想可以一劳永逸摧毁阴谋刺杀的"另一种制度"。换言之，需要建立一种能够维护革命遗产和保持国家稳定的世袭制度。毋庸置疑，这种制度就是拿破仑登基称帝的世袭君主制。一场由政府支持的运动如火如荼地在法国开展，为政权更替而营造公众舆论。元老院开始为帝国和皇帝做着万全准备。这样既能防止波旁王室复辟，也能给共和主义者将领们一个交代和解释。至于那些可能反对的法国人，他们将有机会在全民公决中表达自己的意见。

1804 年 5 月 18 日，小威廉·皮特（William Pitt the Younger）再次成为英国首相，并纠集俄国和奥地利组成第三次反法同盟。8 天后，拿破仑"承蒙上帝的恩宠，依照共和国的法律"被正式宣布为法兰西人的皇帝。圣卢克宫（Saint-Cloud）举行的即位仪式一共持续了 15 分钟。拿破仑擢升了 14 位帝国元帅，他们分别代表不同的政治家族、雅各宾派和共和主义者。除了两个贵族，其他人都出身劳工阶层，父母大多是制桶工人、农民、制革工人、啤酒酿造者、客栈老板或者佣人，这充分表明拿破仑帝国的平民精英的本质。拿破仑在信中经常称呼将领为"我的表亲"（mon cousin）。拿破仑把法国历史中的共生现象和互利关系拟人化和人格化，让通常对立的势力变得和谐统一。

*

拿破仑至少表面上已经与教皇达成和解，可以要求教皇来主持他和皇后约瑟芬（Josephine）的加冕礼。当他写信邀请教皇庇护七世时，拿破仑并未确定仪式的举办场地。

> 尊贵的教皇陛下，天主教在我们国家的恢复令法国人民无比欢欣，民族特性和民众道德素养得到保证。故而，我向您发出诚恳的邀请，希望您能为我个人的命运和整个国家的国运而祝圣祈福，共同见证这一重大时刻，将是我无比的荣幸。我邀请您前来为法兰西人第一个皇帝的加冕礼举行宗教仪式。上帝的慈悲恩宠支配着家族和帝国的命运。您的莅临将让庆典蓬荜生辉、无比荣耀，能为我们的人民和我们自身带来更多上帝的祝福。尊贵的教皇陛下，您是知道的，长久以来，我对上帝是何等的虔诚和热爱，您也定能理解，能够借此机会表达我的虔诚，对我来说，是何等欣慰。

拿破仑心思细密，未雨绸缪。专司礼仪事务的典礼总管塞居尔（Louis-Philippe de Segur）向拿破仑汇报，整个仪式将延续中世纪传统的加冕程序和礼仪：拿破仑跪在教皇面前并亲吻他的手，涂油礼后，由天主教世界的至尊领袖（宗教和政治）庇护七世为皇帝加冕。然而，拿破仑要求在教皇能够接受的前提下，"典礼要更符合当下风格和更早的古代传统"，他打算给自己加冕。虽然自我加冕不是没有先例——西班牙国王和俄国沙皇曾这样做——但是，从来没有人在教皇出席时如此而为。自我加冕将向观礼者和世界各国表明，拿破仑获取权力依靠的是自身的军事胜利、政治成就和天命所归。另外，他称帝是经公民投票同意，这也增强了他的决心。他并不打算面向教皇和祭坛下跪，而是面对公众，背对教皇，直接向上帝致以忠诚。他为自己和皇后约瑟芬加冕后，拿破仑最亲信的元帅们将献上查理曼（Charlemagne）的权力象征物：皇冠、权杖、佩剑、护身符、帝国皇权天球。显然，拿破仑视自己为罗马帝国和查理曼的继承者，而不是卡佩王朝的继任者——卡佩王朝在路易十六死去时就灭亡了。

查理曼的皇权器物百不存一，在大革命中被洗劫一空。拿破仑遣使到达圣德尼大教堂，打开专门保存这些珍宝的宝库，发现里面空空荡荡。他们只找到一些零碎的东西：马刺，一柄配剑，部分的权杖。皇冠和正义之手（Hand of Justice）权杖已经遭到破坏。拿破仑的御用珠宝匠马丁-纪尧姆·毕昂内（Martin-Guillaume Biennais）胸有成竹，向皇帝保证能很好解决这些问题。毕昂内依照前人描摹的图片和画像，准备把它们重新制作出来，对外则声称是修复它们，使其重现最初的璀璨。他埋头工作,也只雕琢出40颗中世纪浮雕宝石来装饰查理曼(新)皇冠。

这场由拿破仑亲自设计的庄重、辉煌的伟大典礼将在哪里举行呢？他最初想到的是位于德意志的亚琛（Aix-la-Chapelle）大教堂。查理曼为了显示与罗马皇帝的平等地位，把亚琛当作第二个罗马，下令建造了大教堂并葬于此地，而拿破仑也把自己视为西罗马帝国的重建者，千方百计增强权力的合法性和正当性。这场加冕典礼具有强烈的象征意义，会成为人民和皇帝之间的纽带。共和主义和君主制度在仪式上将完美结合。然而，教皇拒绝踏入信奉路德宗的莱茵河地区，拿破仑只能放弃这个疯狂的想法。

拿破仑在巴黎的圣母院大教堂自我加冕，这能让天主教会和革命法国都感到满意。而传统上举行法王加冕礼的兰斯大教堂，则明确地失去了作为法国万神殿的地位，因为它与旧制度的纠葛太深，或者说它就象征着专制王权。

翻修和装饰工作需在三个月内完成，主要由拿破仑的御用设计建筑师、新古典主义"帝国风格"（Style Empire）的开创者夏尔·佩西耶（Charles Percier）和皮埃尔·方丹（Pierre Fontaine）负责。皇后约瑟芬子女的家庭教师、画家让-巴蒂斯特·伊萨贝（Jean-Baptiset Isabey）从旁协助。8月24日，设计建筑师巡视后认为，教堂内部昏暗无光，墙壁和穹顶的粉刷工作必须立即开工。1728年和1780年两次的粉饰修整抹掉了墙面原来的中世纪彩色涂层和壁画。

《教务专约》签署后，拿破仑命令把大革命时期移走的雕塑和绘画返还给圣母院。由新古典主义建筑师罗格朗（Etienne-Francois Legrand）设计，石匠塞利埃（Francois-Joseph Scellier）用大理石制作了一个新祭坛，并用镀铜浅浮雕装饰。"路易十三的宣誓"的雕像,被别有深意地摆放在唱诗堂。教堂里里外外已尽量复原,万事俱备,大典在即。观礼邀请函写道:"承蒙上帝恩宠,帝国宪法授予吾家族以世袭王室的威严和尊贵,兹定于雾月11日举行盛大的登基加冕典礼。"

教堂外,一年前拆除了主宫医院的部分区域,重建了其正立面,不过仍旧难掩衰败。10月1日,推倒了一片靠近教堂入口处而妨碍典礼举行,阻挡观礼视线的屋舍。教堂西门前,临时建起一道门廊(porch),恰好与西立面宽度相等。4根廊柱构成三个哥特尖拱门。廊柱上饰有36尊雕塑,象征受邀前来观礼的36座城市代表。中间最大的两根柱子顶端置放着查理曼和克洛维一世的雕像,向贵宾表示欢迎。三个拱门上方分别有一个金字塔状物,拿破仑的帝国雄鹰立于其上。两座塔楼中间竖立一根高高的旗杆,帝国旗帜迎风飘扬。

教堂内,到处悬挂和覆盖着奢华的帷幔、旗帜、布帘、白纱幕布、挂毯和华盖。中世纪大理石地面铺着精妙多彩的地毯,33米高的穹顶也缠裹着缀满皇室金色蜜蜂的金条纹打褶织物。拿破仑中意和喜爱的金色蜜蜂其实是沿用了墨洛温王室的标志,用它取代卡佩王室的百合花徽章。中殿四周搭起三层观礼台,覆盖着多彩炫目的黄金刺绣丝绸和天鹅绒花缎。中殿入口的正中偏右,24级台阶之上的高台安置了皇帝御座,上方是8根圆柱支撑的一座凯旋门。教皇宝座安置在祭坛左侧一个只有11级台阶的低矮平台上。500名演奏家和唱诗班歌手分别坐在耳堂两臂交叉处的两边，而 24 个枝形吊灯把教堂照耀得灯火辉煌。11月 24 日，为了让这场短暂而奢华的典礼尽善尽美，拿破仑赠予圣母院一对镶有钻石的镀金银质花瓶。炫丽的珠宝与皇室的威仪相互映衬，更显尊贵。

贵宾们的服装一应俱全。为了更好地烘托皇帝皇后的威仪，贵宾们将身着绸缎衣料和蕾丝花边的礼服，披着白色羊羔皮外套，帽子上插着鸵鸟羽毛，衣服上缀着五颜六色的珍贵珠宝，与洁白的丝织长筒袜和黑色的皮毡帽子形成鲜明的对照。佩西耶、方丹和伊萨贝亲自为每一位最尊贵的观礼者设计服饰。

约瑟芬的锦缎礼服，由伊萨贝以亨利二世的王后凯瑟琳·德·美迪奇的时尚风格为典范而设计，具有高衣领，即女用领巾（collerette），包裹着肩膀和脖子，衣袖上半部分膨胀鼓起，镶有耀眼的钻石。事实上，约瑟芬全身缀满钻石：头发上笼着镶钻的发簪，手腕上戴着一对钻石手镯，双耳戴着吊钻耳环，腰间系着缀宝石腰带，最耀眼的当属由宝石和金叶组成的皇后凤冠。自 11 月 17 日起，很多巴黎市民把脸贴在约瑟芬御用珠宝匠伯纳德-埃尔蒙德·马格利特（Bernard-Armand Margueriteu）的金瓶珠宝店（Au Vase d'Or）橱窗上，争相一睹皇后加冕礼上将佩戴的绝世珍品。马格利特把它们展示于圣奥诺雷路 127 号的这家店铺。为了约束人群、维持秩序，他还专门布置了 4 个火枪手。巴黎人蜂拥而来，排队等候，为了一睹为快，有人竟一直等到午夜。约瑟芬所有加冕礼御用珠宝中，只有凤冠没有公之于众，保持着神秘色彩。不过，1811 年的一份记录清单让世人对它有了初步的印象：凤冠由镶着 89 颗珍珠的一条金带、8 片赤金棕榈树叶和香桃木树叶缠绕而成，正中是一个上端有十字架的金球。每片金叶镶着绿宝石和紫蓝宝石，每两片之间镶有三个梨形大珍珠。一年后，画家雅克－路易·大卫创作著名的《拿破仑加冕礼》油画时，曾仔细观摩过这个凤冠。

至于皇帝，他会穿黄金刺绣的白色天鹅绒鞋、白色丝质长袜和金线缝制的白色长礼服。衣领、衣袖、袖口和褶边上绣满了绿色和金色的橡树叶和棕榈树叶，还有金色的星辰、闪电和月桂皇冠。穿在白色长礼服外面的皇帝披风精美华丽，沉重厚实。它重达 80 磅，拿破仑需要一直穿三个多小时，直到加冕礼结束，这非常考验体力和毅力。皇冠的重量也不轻。这件深红色丝绸天鹅绒披风足足有 5 米长的拖裾，上面绣着数百个纯金蜜蜂，绿色的橡树叶、橄榄树叶、棕榈树叶图案和拿破仑名字的首字母"N"，衬里和褶边由俄国貂皮制成。

*

11 月 25 日，拿破仑来到枫丹白露森林 (Forest of Fontainebleau) 和教皇见面，随后一同乘坐皇家四轮马车来到巴黎。在杜伊勒里宫的花神楼 (Flore Pavilion)，有为庇护七世特别准备的寝殿，里面房间布置得和罗马蒙特卡瓦洛宫（Monte Cavallo）一模一样，尽量让教皇宾至如归。离加冕典礼的举行还有三天，拿破仑的心腹爱将杰拉德·迪罗克（General Geraud Duroc）将6营掷弹兵和轻步兵布置在前往西岱岛和圣母院的交通要道，既维护现场秩序，又清理安全隐患。

一连好几天，巴黎的暴风雪没有停歇的迹象。12月2日早上6点，观礼者顶风冒雪，早早到达了西岱岛。现场92位法国官员对排队等候国内外各界3万名受邀人，依次验证请柬，组织进场，耗时4小时之久。观礼者主要是法国立法机构的议员、最高法院法官，以及政府各部门、军需处、法兰西学院、国民自卫军、法国荣誉军团、各国外交使团以及军队的成员和代表。

9点，教皇起驾前往圣母院。教皇出行的各种仪式和规制非常严格。仪仗队伍最前面是罗马教廷驻法国特使、红衣主教斯帕罗尼（Cardinal Speromi），按照传统，他手持十字架，骑着一头骡子行于队首。不过斯帕罗尼极为愤怒，法国人准备的骡子是黑灰色，而不是他事先要求的纯白色。这个不同寻常的画面让爱看热闹的巴黎人忍俊不禁，他们指着红衣主教打趣道："此人身着紫红色法袍，服饰庄重，神情肃穆，却骑着一头黑灰色的骡子，从侧面望去，好似穿制服的仆人在抓着缰绳，可笑可笑！"

好在这只是个小插曲，他后面是极为庄重的仪仗队伍，浩浩荡荡向西岱岛而来。教皇抵达圣母院时，巴黎大主教让-巴蒂斯特·德·贝洛伊（Jean-Baptiste de Belloy）早已迎候在门外。

此时，拿破仑和约瑟芬还没有从杜伊勒里宫出发，教皇有足够的时间更换法袍。尽管双方协议中没有具体要求，但是教皇为了"典礼更加隆重荣耀"，依然选择戴上教皇法冠，以回报拿破仑家族的盛情。教皇身着法袍，头戴冠冕，从正面中门进入教堂，4名教士举着华盖紧随其后。两个管弦乐团开始演奏"你是磐石"（Tu es Petrus）颂歌，在场所有神职人员纷纷前来行礼拜见。礼毕之后，教皇跪在祈祷凳上，开始祷告，等候皇帝皇后前来。这一等，90分钟过去了。

正午时分，拿破仑和约瑟芬终于到达圣母院。他们换上加冕典礼的大礼服（grands costumes）后，仪式正式开始。皇帝夫妇缓缓走入教堂，在场众人起立欢迎，皇帝夫妇向众人点头致意，随后就座。按照规程，首先举行了庄严的祈福弥撒（Votive Mass）和宗教列队游行。然后，庇护七世向拿破仑发问："你是否承诺将忠诚地守护教会？"拿破仑只答了一句话："我承诺（Profiteor）。"随后，教皇在拿破仑和约瑟芬的额头涂敷圣油三次：这是加冕典礼最神圣的部分，不过只有极少数人亲眼见证了这一幕，因为涂油礼在教堂相对隐秘的地方进行。拿破仑不愿让观礼者看到其成为教会臣属的这一象征性画面。

接下来才是拿破仑心中的真正仪式，即政治加冕礼。他走到祭坛，转过身背向教皇，面对众人，从教皇手中接过加冕皇冠，戴到了头上，完成了自我加冕。拿破仑依靠自身天赋取得辉煌的文治武功，实现了通过自我奋斗而达成梦想的巅峰荣耀。

之后，他走向跪着的约瑟芬，把加冕凤冠戴到她的头上。乐团开始演奏让－弗朗索瓦（Jean-Francois）专门创作的一首乐曲，埃曼纽尔大钟低沉的钟声愈来愈响，钟乐交融，威严肃穆。皇帝夫妇缓缓登上24级台阶并向御座走去，他们的皇冠和脸庞在枝形吊灯的映射下熠熠生辉。在场众人无不对其行注目礼，在他们心中，拿破仑这一刻就像朱庇特（Jupiter）那样神圣。

最后，教皇走到皇帝御座前，亲吻拿破仑并致以祝福："皇帝陛下万岁！"（Vivat imperator in aeternam！）圣餐礼举行时，拿破仑和约瑟芬都没有领取。不过，这种具有象征意义的细节并非所有人都能够察觉，比如很快被请进圣器室的教皇和所有红衣主教，他们就没能听到皇帝的加冕宣誓。拿破仑承诺忠诚于世俗的宪法与帝国的基本法律，包括把国家置于教会之上的《教务专约》。

选择圣母院作为加冕地正是考虑到这一点：它极为宽阔的空间，宏大高耸的中殿，南北各两个侧廊，为数众多的礼拜堂、圣器室，这可以巧妙地让政治仪式顺利进行。黠慧的拿破仑设计好了每个细节，而观礼者所见所闻其实都是预演好的。观礼者的才能和地位决定着他看到了哪些"真相"。圣母院成为国家权力和宗教权力相互结合的象征；她像一个旋转舞台，上演着一幕幕曲折且多彩的法国政治剧。

下午3点，加冕典礼圆满结束。皇帝及其随行人员乘坐

25 辆皇家四轮马车返回杜伊勒里宫，10 辆车载着教皇一行紧随其后，这次可没有骡子来大煞风景了。尽管浓雾和大雪尚未消散，天冷得不像话，巴黎人依然成群结队走出家门，50 多万人挤上街头，万人空巷，他们高声欢呼"皇帝陛下万岁"，向拿破仑致意和祝贺。皇帝乘坐的豪华马车让见惯大场面的巴黎人惊叹不已，它由饰有白色羽毛、披戴红色皮制挽具的 8 匹纯白色骏马拉曳。摩肩接踵的巴黎人兴高采烈、热情万分，皇帝车队不得不频繁停驻，本就不长的一段路，足足用了两小时才回到杜伊勒里宫。回到寝殿，拿破仑立刻脱下了这件重达 80 磅的披风，接连几小时的穿戴，使皇帝筋疲力尽。从此以后，这件披风便被束之高阁。

拿破仑，这位安邦定国的政治天才、战功赫赫的常胜将军、近代法国的最高领袖，在这一天弥合了国内种种的争斗，结束了民族良知的分裂，平息了民众之间的敌意。当时没有一个人能像拿破仑这样举重若轻地协调保守派和共和派的势力，把整个法国团结起来，集合各方力量，在短时间内抗衡西欧各国。

加冕典礼 5 天后，即 12 月 7 日，巴黎圣母院的阿斯特罗斯蒙席（Monsignor d'Astros）收到法国内务部长送来的神秘圣物箱，里面装着新皇帝赠送的谢礼。这份重礼包括耶稣受难时的圣荆冠、十字架的一块碎片、装着耶稣圣血的小瓶、圣路易的鞭子和白色外衣，还有其他很多宗教圣物。这些圣物之前存放在圣路易为它们专门建造的圣礼拜堂（Sainte-Chapelle）内，现被转到此处。拿破仑以此奖赏举行加冕典礼的大教堂。

*

1800 年 2 月 22 日，著名画家雅克 - 路易·大卫的一个学生从圣母院上方柱廊跳了下去。这名学生口袋里的记事本上写道，他时常想着以这种方式离开人世。路易·大卫成为拿破仑首席宫廷画家（premier peintre）并创作加冕礼油画时，不知道是否还记得这位学生？早在加冕典礼两个月前，拿破仑委任 56 岁的路易·大卫创作 4 幅油画，以保存和记录他的生平功绩和光辉形象。路易·大卫为此殚精竭虑、废寝忘食，整整忙碌了 4 年之久。

拿破仑非常重视大卫的创作，并为其提供了各种便利条件。加冕礼当天，大卫获准坐进教堂其中一个包厢内，近距离观摩仪式过程。他做了大量观察笔记，画了几十份速写，然后分门别类进行了仔细研究。在典礼的前几天，他还专门到访圣母院，详细查看繁复多样的内外装饰和陈设布置，以做到心中有数。1805 年整整一年，他没有正式动笔，而是准备前期工作。他邀请一位设计师帮忙改进画面空间的分配和构成，并开始绘制单人肖像。在巴黎，他找到一个巨大的房间作为新画室，以容纳 4 幅巨型油画，并收到 2.5 万法郎预付款，暂时足够支付前期费用。新画室位于索邦大学对面克吕尼修道院（College de Cluny）的一个小礼拜堂内。教皇庇护七世有求于拿破仑，所以一直到 1805 年 3 月才失望地离开巴黎。大卫利用这段时间，设法邀请教皇坐在对面，为教皇绘制了肖像画。9月，新画室启用，他马上购置了两个大火炉。大卫并非独自一人，孤独创作，他的学生人才济济、天赋异禀，有的给予协助，有的提出建议。其中一位年轻学生乔治·鲁热（Georges Rouget）才华横溢、恭顺温和，特别受到大卫的赏识和雇用。1805 年 12 月 21 日，大卫开始绘制《拿破仑加冕礼》。

大卫技法精工，画风严谨，尤其擅长历史题材，并习惯自己做历史考证。加冕礼的经典画作极少存世，因而他把注意力转向中世纪和 15 世纪的手稿及插图，特别是高级教士所留下的，以期发现可资借鉴和赋予灵感的文献和绘画。天主教高级教士的服饰几乎没有太大变化，拿破仑身披貂皮内衬的披风，整体是模仿罗马皇帝的古典风格，而法国的法官服饰为仿哥特式样。鲁本斯（Rubens）的《1610 年 5 月 13 日圣德尼大教堂玛丽·德·美迪奇加冕礼》（*Coronation of Marie de' Nedici in Saint-Denis on 13 May 1610*）也提供了借鉴。

大卫让人在画室里制作了一个小尺寸比例的圣母院祭坛模型。他用小木偶代表将入画的 191 位人物，在祭坛及附近摆好位置和姿势，以此重现当日剧情。这种方法取自于他所崇拜的法国画家尼古拉斯·普桑（Nicolas Poussin）。除皇帝之外，皇后、教皇和上百名在场的达官显贵都曾到访画室，作为模特供大卫描摹画像。大卫总是要求他们身穿当日服饰。他还请求暂借拿破仑的皇冠和披风一用，以便绘制每个细微之处。

大卫一直难以决定，到底选取拿破仑的何种姿态入画：自我加冕彰显了拿破仑的雄才霸业，但让教皇颜面不存；给约瑟芬加冕，避开自我加冕这一事实，显得对教会态度和缓。实际上，两个版本他都绘制了草稿。经过长时间的思考，并与得意门生弗朗索瓦·热拉尔（Francois Gerard）讨论，1806年夏天，大卫最终选择拿破仑给约瑟芬加冕的场面，表现出皇帝态度温和，更具骑士风度。乔治·鲁热先画出皇帝身体轮廓，大卫再进一步创作，让画中人更加细腻和优雅。选择这一场面，既没有让教皇过于难堪，又突显拿破仑打破政治传统和宗教束缚的气概。画作甫一完成，立刻引发巨大争议，并开始超出学术范畴。1808年1月4日，拿破仑做出定论，让大卫如释重负。

　　1808年1月4日，拿破仑刚从威尼斯回到巴黎，就穿过塞纳河，直奔大卫的画室，要一睹这幅油画的定稿。在场的还有约瑟芬和少数随行人员，拿破仑看到画后称赞道："仿佛走进了这幅画里。"皇帝的赞誉彻底平息了争议和批评。拿破仑在画室待了一个多小时，仔细欣赏，点评画中人物。他在离开时脱帽向这位艺术家表示敬意。

　　拿破仑最满意的是，这幅作品兼顾了细节描绘与历史真相，毫无痕迹地添加了原本未出席的重要人物。画家重构了这一历史事件。拿破仑最在意的人物，即母亲莱蒂齐亚（Letizia）与约瑟芬关系不睦，当时不在巴黎，而是远在罗马。然而，在画中，她坐在教堂中央的包厢里看着加冕现场，满脸慈爱且微笑地看着儿子。它成为"真实"记录拿破仑加冕仪式的一幅油画杰作，传于后世，以待追忆。

1808 年 2 月 7 日到 3 月 21 日，《拿破仑加冕礼》最早在卢浮宫展出。随后，它就未在公众面前出现，直到 1838 年才展示在凡尔赛宫。1889 年，它移至卢浮宫，从此一直悬挂在那里。这幅杰作长 9.8 米、宽 6.2 米，是卢浮宫内仅次于维罗内塞（Veronese）的《迦南的婚宴》（*The Wedding at Cana*）尺寸的巨型画作。

*

斗转星移，世事变幻。1815 年 9 月 2 日，在复辟的波旁王朝路易十八（Louis XVIII）国王的命令下，圣母院举行了一场庄严的弥撒仪式，为大革命时期亵渎上帝的所有罪行进行忏悔，而拿破仑的仇敌则归还了在动乱中所保存的法兰西王冠。几周后的 10 月 17 日是王后玛丽·安托瓦内特断头 22 周年忌日，圣母院又举行了一场盛大弥撒，然而沿途围观的桀骜不驯的巴黎人似乎对此不以为然。路易十八的统治绝非旧制度的复辟，他也无法成为其兄长路易十六那样的专制君主。然而，波旁王室回到巴黎，法国的历史进程有了反复，很多人的命运为之改变。1817 年 3 月 18 日，在圣母院举行晚祷时，一名穷困潦倒的原拿破仑近卫军的老兵在圣器室割喉自杀。法国人不得不接受已经失去了他们皇帝的这一事实。

第六章

1831 年，维克多·雨果

拯救巴黎圣母院

这个要拯救那个。

32 岁的欧仁·德拉克罗瓦（Eugène Delacroix），这位浪漫主义画家、自由主义者和波拿巴主义者，见证了 1830 年七月革命的"光荣的三日"（Three Glorious Days）。那几天，当他穿行在法国首都时，所见所闻使他大受触动：各行各业的巴黎人，工匠、工人、商人、学生，甚至孩子们，大家齐心合力建筑街垒，反对国王查理十世（Charles X）的倒行逆施，为即将失去的自由而英勇奋战。这位路易十五的孙子，在更具自由思想的兄长路易十八 1824 年驾崩后继承了法国王位，竟妄图一步步恢复旧制度。1825 年 5 月 29 日，他延续波旁王室传统，在兰斯大教堂举行加冕大典，而刻意地避开巴黎圣母院。

1830 年 7 月 25 日，愈加专制而不得人心的国王颁布了 6 项极富争议的敕令：第一，重新建立严格的报刊审查制度；第二，解散自由派占优势的新议会；第三，实行新选举法，侧重于最富裕的法国男性，规定只有土地所有者拥有选举权，从而剥夺了大多数资产阶级的投票权；第四、第五和第六项提出要改变国家的基本政治制度，使很多公共机构中的极端保王党感到满意。人民把国王的所作所为看作一种挑衅和侮辱。巴黎街头即将血流成河。

7月27日至29日，在这"光荣的三日"里，巴黎人民拿起了手中的武器。首先，新闻报刊界拒绝服从审查制度，并宣称从现在开始他们把国王的权力视为非法，他们有权不服从，如有必要将会使用武力。宪兵受命冲入报社，要逮捕《国民报》（*Le National*）、《时代报》（*Le Temps*）、《环球报》（*Le Globe*）、《商业日报》（*Le Journal du Commerce*）等报纸的记者和编辑，不过被排字工和印刷工人击退。这一事件引发了起义。原拿破仑近卫军的士兵们，因为留作当纪念品或者其他目的依然保留着自己的武器，此时也加入其中，极大地支援了用砖块和简陋的自制武器与王室卫队血战的叛乱者。

当查理十世待在圣卢克宫安全的城堡时，局势不断发展，"打倒波旁王朝！""自由万岁！"的口号响彻巴黎上空，这次暴乱正在演变成一场革命。国王雕像及其他象征物要么遭到破坏，要么被泼上污泥秽物，缀着百合花徽章的王室白色旗帜被人点燃。巴黎人举着三色旗，猛攻市政厅；一队接着一队的官兵集体倒戈，加入了革命；圣西尔军事学校的学生也和人民一起筑起了街垒。

然而，法国共和主义者无法团结一心，72岁的拉法耶特侯爵拒绝领导他们，因而一部分自由派议员谨慎地与查理十世的侄子路易-菲利普（Louis-Philippe）取得联系，众所周知，他虽是波旁王室旁系的奥尔良公爵，却具有一定的自由主义思想。在双方谈判过程中，查理十世及其直系继承人相继宣布放弃王位，路易-菲利普表示接受《立宪宪章》（*Lieutenant Général du Royaume*）和议员们拟定的其他条件。数千反教权主义的巴黎民众对查理十世的宗教偏执极为痛恨，聚众冲入圣母院主教宫，在教堂钟楼的高处升起三色旗，一些人横冲直撞，洗劫大主教的宝库，抢走银制品，撕碎教士们的法袍，而大教堂本身和宗教圣物并没有遭到破坏，这似乎是最具反叛精神和反教权主义的巴黎人尊重圣母院的一个写照。

起初，德拉克罗瓦在为革命欢呼的同时，内心也掺杂着忧惧。但是，正如大仲马（Alexandre Dumas）曾指出的，"当德拉克罗瓦看到圣母院两座钟楼升起巨大的三色旗时，革命热情吞没了他的惊惧。这是拿破仑的旗帜！他要歌颂这些人民，这些起初令他感到害怕的人民"。这三天，这位年轻的画家满怀敬畏和欢欣，激情迸发，灵感不断，巨型油画《自由引导人民》（*Liberty Leading the Poeple*）此时在他脑海中已经成形，这幅画遂成为激情澎湃和勇于行动的法国革命精神的象征。

在香榭丽舍大街附近的让古戎路（rue Jean Goujon）9号的新家里，德拉克罗瓦的朋友、28岁的诗人兼剧作家维克多·雨果也正苦思冥想。他和妻子阿黛尔（Adèle）刚刚搬到此处。7月25日那天，他终于开始动笔，写作早已允诺出版商夏尔·戈斯林（Charles Gosselin）的一本小说。离交稿时间仅剩5个多月，逾期就得返还出版商的预付款，然而钱早就花得一文不剩了，除此之外还会受到重罚。当时，这位激情四射的浪漫主义作家所钟情和擅长的是戏剧作品。他的戏剧作品与身处的动荡时代有着更紧密的联系，几乎耗尽了他所有的灵感。但是，现在是时候开始写作这部小说了。两年前，他就有一种模糊的想法，要把它写成像司各特（Walter Scott）式的历史小说，后者在当时的法国正大行其道。

雨果就在危机四伏、革命一触即发的动荡混乱中开始写作。两天后，当他写下小说的名字——《巴黎圣母院》时，巴黎人开始修建街垒，不久后，妻子将会生下他们的第五个孩子阿黛尔（沿用了母亲可爱的名字）。就像德拉克罗瓦一样，这几日革命热情的高涨和激动人心的政治演变给予雨果无穷的灵感和叙事的能力。

雨果不仅仅把圣母院作为故事的发生地：大教堂本身就是故事，还有巴黎人民和女主人公。随着雨果开始构建故事线和人物表——美丽动人的波希米亚女郎艾丝美拉达，暗恋着她、善良却驼背的敲钟人卡西莫多，阴险恶毒的主教代理弗罗洛，身无分文、无家可归的诗人格兰古瓦（Gringoire），英俊却轻浮放荡的卫队队长弗比斯（Phoebus）——他感觉自己似乎受到更高层次的动机引导，并被一种超自然的力量所左右。

雨果很快就感受到，小说的主题似乎超越了其自身范畴，他几乎控制不了故事的走向，也难以阻止自己思想的涌出。这部小说的篇幅将比最初预想的要长得多。因为额外超出的篇幅，他向戈斯林请求更多的时间和稿酬。戈斯林认为这是拖延交稿的另一种手法，断然拒绝了雨果。1831年3月，这部小说由戈斯林出版后，雨果并未停笔，继续写作，并马上着手为作品的全本寻找新出版商。他与欧仁·朗迪埃尔（Eugène Renduel）达成协议，这是一位眼光独到、思想敏锐的出版人，经常与木刻版画家亨利·波雷（Henri Porret）以及插画家塞莱斯汀·南特维尔（Célestin Nanteuil）等当时最优秀的艺术家合作，发行了一些插图丰富多样的著作。雨果也想让这部小说的插图能够画龙点睛，恰当地反映其文学内容。1832年12月，《巴黎圣母院》勘定本正式出版，红色的封面精美雅致，新哥特风格的插图栩栩如生。插图上恢宏雄壮的大教堂与雨果激情澎湃的文字相得益彰，激发着读者无穷的想象力。这部图文完美结合的作品价格合理，引发抢购狂潮，一时间巴黎争相传阅。翻开朗迪埃尔版《巴黎圣母院》，读者仿佛置身于趣味盎然、幻景斑斓的1482年巴黎城。

历史上的1482年，圣母院一切如常，巴黎的生活平淡乏味，并没有真正的大事发生。维克多·雨果为何选择这个15世纪路易十一时期作为故事的历史背景呢？或许是因为，大教堂这时已经遭受"时间和人一起施加的侵害和毁损"，或者这是"一个中世纪混乱不堪的终结与文艺复兴狂暴的辉煌之间的过渡时期"。这一时期有点像法国的19世纪中期，法国人试图在现代世界中寻找一条延续 1789 年大革命遗产的路径。

雨果对中世纪知之甚少，或者更恰当地说，时人对中世纪几乎没有什么研究和认知。1821 年设立的法国国立文献学校（École des Chartes），以培养档案管理员、历史学家和古文书学家享誉盛名，却几乎不讲授中世纪的学术知识。雨果带回家很多关于巴黎历史的旧书，都是布勒尔（Jacques du Breul）和索瓦尔（Henri Sauval）等 16 和 17 世纪学者的作品，还有广为人知的路易 - 加布里埃尔·米肖德（Louis-Gabriel Michaud）出版的《世界传记辞典》（*universal biographical dictionary*）。雨果以自己的想象力构建这座大教堂，书中夹杂着真实的历史事件和人物，以及他的政治和哲学观点。

雨果巧妙地把不同的文学类型编织在一起，让人意外，令人遐想。《巴黎圣母院》既是一部哥特小说，一部中世纪编年史，一个爱情故事，一本论述炼金术的专著，一篇哲学论文，同时也是一份政治宣言书。1832 年勘定本包含着雨果最重要的新思想，比如该著第五卷及其中论述印刷术扼杀建筑艺术的《这个要扼杀那个》（*This will Kill That*）章节。第五卷似乎游离于情节之外，雨果不再讲故事，而直接向读者阐释关于法国建筑的思想。他认为，从人类伊始到 15 世纪，建筑艺术是人类的大型书籍，是人类各个发展阶段的主要表达方式。地面立起的一块石头，就是一个字母，石头砌石头，便是音节，像卡尔纳克遗址和英国巨石阵的大型砌石，已经是一种完整的语句；而埃及金字塔这样的整体建筑，就是历史的第一批"书籍"。故而，印刷术的发明标志着建筑"书籍"的死亡，其顶峰即哥特大教堂，就是最后和最伟大的石头书籍。

令人讶异的是，圣母院大教堂虽为小说重要的"女主人公"，雨果却只用了很少的笔墨勾画这个场所。他并不是要在书中引领读者到大教堂"一游"，他似乎对她的弥撒仪式、内在蕴含的精神和象征意义更感兴趣，而不是她的建筑细节。或许正是这样，小说直到第三卷才正式介绍教堂。雨果感叹道："我们的教堂就像一个年迈的王后，脸上每一条皱纹都伴随一道伤痕。"[1]在他看来，圣母院有血有肉，一半是女王，一半是嵌合体。

维克多·雨果意欲通过小说描绘真实多彩的中世纪生活，而不是19世纪早期出现的仿中世纪风尚，它们粗制滥造，怪诞难懂，充斥着精灵、废墟和行吟诗人等元素的胡乱拼凑。其次，他想引起国人对法国历史古迹的糟糕境况的警惕。许多曾经宏伟的建筑，无人问津，任其沦为瓦砾堆，最后被地产开发商粗暴地铲平。法国文物建筑亟须全国性的重建和保护计划，而雨果就是它们不屈不挠和大公无私的辩护士。

他对15世纪以来毁坏大教堂的所谓"艺术家"感到极其愤怒。"然而，是谁拆除了那两排雕像？是谁留下了空空的神

_____

1. 本章中小说《巴黎圣母院》引文翻译参考了管震湖和李玉民先生的译本，为了本书风格的统一，部分语句有所改动。——译者注

龛？是谁在中央拱门的正中，新凿制了一个不伦不类的尖拱？又是谁这么胆大妄为，在毕斯科奈特（Biscornette）的阿拉伯式雕花旁边，安装了雕刻着路易十五造型的笨重而讨厌的木头门框？还不是时下那些以艺术家自居的建筑师？"在第三卷，雨果给人为施加的损毁列了一个长长的清单。他区分了三种形式的破坏："一是时间，它在不知不觉中，剥蚀了表层，随处弄出豁口裂缝。"二是政治和宗教革命，"它们从本质上说是盲目而狂暴的……打碎它那花棂彩绘圆窗，摧毁它那花案浮雕像的装饰项链，还因为讨厌教士帽或王冠，就把雕像扫荡出去"。三是时髦，式样越出越怪诞、越愚蠢，比革命具有更大的破坏性：

> 总是阉割要害部分，打击建筑艺术的骨架，不断地切削、砍凿、拆卸，从形式到象征，从内在逻辑到外观美，整个儿宰杀这座大厦。况且时尚多变，往往推倒重来，其跋扈程度，是时间和革命所望尘莫及的。崇尚时髦者厚颜无耻，假冒"高雅情趣"（good taste），在哥特艺术已创的伤口上，又添加流行一时的庸俗小点缀。

雨果非常看不起那些所谓的"高雅情趣"的拥护者和那些愚蠢无知的官员："汪达尔人所创造的这一辉煌艺术，学院派把它扼杀了……不啻蠢驴对将死的雄狮猛踢一脚。老橡树凋零，尤嫌不足，还要遭到毛毛虫啃啮、蛀食，被咬得七零八落。"

雨果在小说中延续了他早年的呐喊和战斗。1825 年，23 岁的他发表了《向破坏者宣战》（*War on the Demolishers !*），随后出版《有关法国文物建筑的摧毁》（*On the Destruction of Momuments in France*），文中言辞犀利，为解决保护法国的历史古迹这个迫在眉睫的问题而满腔热忱地呐喊："这个时候，每个人都不应该再保持沉默。全国人民都在呼吁崭新的法国必须拯救古老的法国。"《向破坏者宣战》自 1825 年后再版多次，与 1832 年《巴黎圣母院》中的篇章彼此呼应，组成了前后衔接的姊妹篇。雨果的文字对路易-菲利普的新政权和当时的公共舆论产生了重大影响。

雨果指出，与其建造仿希腊罗马式样的大型建筑，而事实证明它们既非古希腊又非古罗马的，还不如拯救法国所独有和原创的中世纪建筑。他领头发起了一次运动，积极呼吁制定一项新法律，以防止地产投机商毁损文物建筑。"一栋建筑具有两方面的价值：使用与美学。使用价值属于它的所有者，但是美学价值属于每一个人，属于你，属于我，属于我们所有人。破坏它就是侵害每个人的权利。"另外，他提出成立一个监察机关，专门负责审查和监督古迹维护的机构，它可以是一个政府公共部门，或者议会中常设的特别委员会。

法国新领袖路易-菲利普国王试图以 1789 年大革命和古老的法国为政治基础构建其统治合法性和正统性，因而把雨果所掀起的运动视为达成目标的一个途径。首相弗朗索瓦·基佐

（Francois Guizot）认为，保护法国建筑文物，离不开地方官员和市长的支持和协助，只有政府才能领导这一全国性保护计划。1830年，基佐设立建筑文物总监（inspector of historic monuments）职位，而作家普洛斯佩·梅里美（Prosper Mérimée，小说《卡门》的作者）从1834年成为第二任总监，这在本书第七章将有详述。是时候拯救被忽视的中世纪及其原创艺术了，是时候向法国人展示被遗忘的无与伦比的文化遗产了。

吸引着基督教世界的高级教士和来自斯堪的纳维亚半岛、匈牙利、摩里亚半岛、埃克斯圣约翰大教堂、尼科西亚的主教，让他们全都趋之若鹜，慕名而来，只为学习教义和获得教导的，不正是13世纪位于巴黎圣母院附近的大学吗？不准讲授亚里士多德思想与逻辑学的教皇禁令，在这里遭到明目张胆的挑战。巴黎像磁铁一样吸引着具有独立思想的学者和学生。知识分子宣称有权进行哲学推理，在俗的导师们向年轻学生讲解亚里士多德著作，而很多学生毕业后将从事世俗的职业。

最先以理性的方式看待人类幸福的观念，不正是起源于西岱岛上的这所大学吗？自13世纪起，这所大学在俗的导师们宣称，思考能够给人带来尊严、自由和良善。

大革命和拿破仑之后的法国，如果能抓住机会，深入挖掘这段不该遗忘且辉煌灿烂的历史存在就好了。在这段历史时期，巴黎圣母院具有特殊的象征意义。原因有二，首先，圣母院包含了法国历史美好与曲折的双重面相，她是一个综合体：

这座令人景仰的丰碑，每一侧面、每块石头，都不仅是我国历史的一页，而且是科学和艺术的一页。……例如，小红门造型之精美，几乎达到15世纪哥特建筑艺术的顶点，而大殿的圆柱，以其粗壮和凝重，又把我们带回到圣日耳曼德佩修道院的加洛林时代。小红门和大殿圆柱之间，恐怕相距有六百年。……这一中枢教堂，母体教堂，在巴黎所有古老教堂中，是集万形于一身的神奇之体：头颅、四肢、腰身，都分属不同的教堂；所有教堂都取来一点东西。

其次，她是人民的教堂，让人意识到"建筑艺术最伟大的作品，主要不是个人的创造，而是社会的创造，主要不是天才人物的灵感，而是民众劳动的成果；最伟大的建筑，是民族留下的财富，是世世代代的积淀"。

雨果的小说预示着中世纪建筑的复活。自学成才的年轻建筑师维奥莱-勒-杜克充当了急先锋。维奥莱-勒-杜克既是反对学院主义的叛逆者，也是石头建筑真挚的爱好者，1838年他加入新设立的文物建筑委员会，从此孜孜不倦地从事着修复和保护中世纪文物建筑的工作。如果说维克多·雨果用著作拯救了圣母院，那么勒-杜克将用量尺修复大教堂。

小说《巴黎圣母院》获得多方面的成功。从某种程度上来说，它从沉睡死亡中拯救了圣母院大教堂，并迅速发展为世界范围内最早一源多用的媒体资源之一。小说中人物和圣母院的形象开始遍地开花：盘子、温度计、烟灰缸、小雕像、钟表、海报、廉价印刷品、平版画，以及其他很多物品上，俯拾皆是。小说出版两个月后，雨果碍于情面，勉强答应了对作品进行改编。据不完全统计，自 1832 年始，小说《巴黎圣母院》被搬上戏剧和芭蕾舞剧的舞台 10 次，音乐剧已经十几次。从电影发明以来，它登上大荧幕也已 10 次——其中最经典的电影版本是 1939 年查尔斯·劳顿（Charles Laughton）和玛琳·奥哈拉（Maureen O'Hara）分别扮演的卡西莫多和艾丝美拉达，1956 年的电影版本则由安东尼·奎恩（Anthony Quinn）和吉娜·劳洛勃丽吉达（Gina Lollobrigida）饰演。20 世纪末和 21 世纪，《巴黎圣母院》的魅力没有丝毫消减。1996 年迪士尼动画电影《钟楼怪人》（*The Hunchback of Notre-Dame*）受到孩子们的广泛欢迎，音乐舞剧《巴黎圣母院》还吸引了席琳·迪翁（Céline Dion）献唱插曲，而电子游戏《刺客信条：大革命》（*Assassin's Creed Unity*）则精心还原了圣母院原貌，游戏部分内容在大教堂展开。

法国人经常在民族灾难发生时转向文学寻求慰藉。2015 年 1 月《查理周刊》（*Charlie Hebdo*）恐怖袭击事件发生后，伏尔泰批判宗教狂热的小册子《论宽容》（*Traité sur la tolérance*, 1763）短时间内销售一空。2015 年 11 月 13 日，巴黎发生一系列恐怖袭击，造成至少 130 人死亡，400 多人受伤。事件发生后，海明威（Ernest Hemingway）的《流动的盛宴》（*A Moveable Feast*）

一连几个月霸占着畅销书排行榜的第一位。该书对巴黎的无忧无虑和欢欣喜悦的赞扬，抚慰着数百万因恐怖袭击而精神受创的法国人。2019 年 4 月 15 日，大火后的几个星期，维克多·雨果的这部经典小说再次以特别版本售卖一空，销售利润将全部用于教堂重建，十几天的营业额超过了以往的整整一年。"这个要拯救那个"：雨果的著作将继续守护着巴黎圣母院。

第七章

1844 年，维奥莱-勒-杜克

我希望在玫瑰花窗绚丽多彩的光线中去往天堂。

1814 年 1 月 27 日下午，天气寒冷，在巴黎罗亚尔宫（Palais Royal）附近夏巴奈街 1 号（1 rue Chabanais）一个中产阶级家庭，欧仁·维奥莱 - 勒 - 杜克呱呱落地。他父母都是天主教徒，受过良好的教育，为人和善，既非政治激进派，也非狂热的宗教信徒。父亲家族成员多为公务员和商人，而母亲的一位兄长艾迪安·德雷克吕兹（Étienne Delecluze）1804 年前后曾师从画家雅克 - 路易·大卫，并在 1822 年成为著名《辩论报》（*Journal des débats*）的艺术批评家，后来一直任职达 35 年。德雷克吕兹和妹妹等家人共同生活在这栋楼房。每周日下午 2 点，德雷克吕兹都会在顶楼自己房间里举行文学沙龙，而他的朋友们，比如作家司汤达（Stendhal）和普洛斯佩·梅里美经常来此聚会，品文谈艺，交流心得。

德雷克吕兹和朋友们都是年轻的自由主义者，对国王路易十八（1814—1824 年在位）和查理十世（1824—1830 年在位）持批评态度。不过，与政治相比，他们对艺术更感兴趣，对自身所处的这个世界更具好奇心。他们博闻强识，如饥似渴地汲取着文学知识，还热切地学习考古学、植物学和科学。梅里美这位才华横溢的钢琴家，不但对法学有研究，而且掌握了俄语、英语、阿拉伯语和希腊语，同时还爱好历史和神秘主义，涉猎广泛，无一不通。他们鼓吹一种"现实的浪漫主义"思想，而并不认可维克多·雨果的风格，认为其过于激进。

梅里美不到 30 岁就已经成为法国著名的短篇小说家了。在深思熟虑之后，他决定进入政府机构，这样既能有一份固定的收入来维持生活，继续写作，又能一展自己毕生的雄心壮志。他对古代石头建筑的热爱让其成为担任文物建筑总监的完美人选。法国新国王路易 - 菲利普 1830 年新设立的这个职位，责任是主持一项呼声高而任务重的工作，即对法国数量众多的历史古迹进行普查、评估、列入清单和协助维护，例如早已破败不堪的巴黎圣母院。梅里美 1834 年 5 月 27 日开始担任这一梦想已久的职位，并很快马不停蹄地在全国进行考察，目的是为历史古迹建立第一个保护名单，并编制修缮维护的财政预算。一项长期而光荣的伟大工程开启了端绪。

年轻的维奥莱 - 勒 - 杜克梦想成为一名建筑师，但不愿意进入艺术院校学习，亦即当时法国培养艺术人才最著名的两所学校——罗马法兰西学院 [1] 和巴黎美术学院（École des Beaux-Arts）。在他看来，这两所学校虽久负盛名却积弊难除，压制个

---

1. Académie de France in Rome，设在意大利罗马的美迪奇别墅——译者注。

体创造性，灌输一种僵化的世界观。此外，教授的遴选方式也意味着独创或异见难以容身。勒-杜克是一位反学院派的叛逆者。再者，他喜欢中世纪的艺术和建筑，与正在盛行的新古典主义格格不入，成为异类。中世纪被时人视为怪异（bizarrerie）、充斥着妖魔鬼怪、恐惧和非理性的世界，不过在勒-杜克看来，事实并非如此。他开始研究中世纪建筑，并对所观察到的理性主义和清晰透彻而感到敬佩不已。

　　勒-杜克试图摆脱条条框框，但是该如何学习建筑学知识呢？艾迪安舅舅建议他到法国各地游历，进行观察、描摹、研究和绘画，然后回返巴黎。1831年夏天，艾迪安带着17岁的外甥开始了为期三个月的探索之旅。从奥弗涅（Auvergne）到普罗旺斯（Provence），他们一路步行，途中看到老教堂和文物建筑就进行速写。勒-杜克返回时一共带着35幅画作。第二年巴黎爆发霍乱，其母不幸染病去世。在安葬母亲后，这位立志成为建筑师的年轻人继续踏上了环法游学的旅程。这次他选择了诺曼底，从瑟堡（Cherbourg）到勒哈尔夫（Le Havre），自翁弗勒尔（Honfleur）至鲁昂，一路留下了他的足迹。他对乡村风景和历史文物的描画变得愈加熟练和精妙，其中4幅画有幸在春天百货（Printemps）1832年举行的沙龙展里露面。他在法国乡村小道上充实知识、开阔视野，为自己职业生涯打下了坚实基础。1833年，他在卢瓦尔河谷、朗格多克和比利牛斯山游历了三个月，带回家173幅画作。

回到巴黎后，他成为一所绘画学校的老师，并不顾家人反对与一位玩具制造商之女伊莉莎（Elisa）结婚。随后他继续出发、旅行、画画和学习。这次他参观了沙特尔大教堂，花了 10 天描摹教堂的每个立面和角角落落。这位年轻人对那些古老石头的爱意愈加深沉。他给家人写了很多书信："祭坛屏风上绘满了各色各样的图案，向人们讲述着世间最动听美妙的故事……我泪如泉涌，我希望能在玫瑰窗绚丽多彩的光线中去往天堂。"他的父亲说服了国王路易-菲利普委托他绘制两幅水彩画，由此可资助他进行 18 个月的意大利之旅。这样一来，勒-杜克就有机会描画和研究当地的文物建筑，继续自己独特的求学之路。伊莉莎也同意将寻机带着他们出生不久的孩子到意大利与他会合，一家人继续旅程。勒-杜克第一次见识到西西里（Sicily）、那不勒斯（Naples）、庞贝（Pompei）和罗马的文物建筑，"连连惊叹，震撼不已"，加深了他对建筑艺术的认识和理解。后来曾任罗马法兰西学院负责人的著名画家安格尔（Ingres），当时在罗马接待了年轻的勒-杜克夫妇，并用铅笔为伊莉莎绘制了一幅精美的肖像画。

勒-杜克成长为建筑师的道路没有遵循传统的教育方式，为此他时常感到焦虑和自我怀疑。接下来该学习什么呢？建造所需的物理学、几何学和数学？在威尼斯，他为中世纪建筑所着迷，而在佛罗伦萨，他为皮蒂宫（Pitti Palace）和圣母百花大教堂（Santa Maria del Fiore）所倾倒。回到巴黎后，他继续从事美术教师的工作，不过心里不免迷茫和纠结：什么时候才有机会施展自己的建筑技艺？幸运的是，他没有等待太久。他的天分、热情和刻苦吸引了有影响力的建筑家和出版商的注意，他们开始推介他的著作，引荐他得到能够施展才华的高级职位。

他职业生涯的转折点出现在 1838 年。梅里美聘用 24 岁的勒－杜克为文物建筑委员会的建筑师。1839 年 12 月，勒－杜克为法国西北部纳博讷（Narbonne）的教堂提出修复方案，不过没有被政府部门采纳。他第一次真正主持修复工作，是 1840 年 2 月被任命为韦兹莱（Vézelay）的圣玛德琳娜教堂（Sainte-Marie-Madeleine）修复工程的建筑师。梅里美和文物建筑委员会需要的建筑师，不仅要具有批判性眼光，还应具备评估一项文物建筑修复的所需所用，并制定整体规划的科学技能，他们对仅能完成修补古建的技工并不感兴趣。

在梅里美及维奥莱－勒－杜克看来，"修复"（restoration）并非意为修理、维修。他们认为，修复是发现那些文物建筑的本质和原初的特点，并把这些公之于众的一种工作。从很多方面来说，修复是一个考古过程，它常常能发掘到遗址旧日的结构，让建筑物原初的构造重见天日，并经研究得出它在后世遭到哪些曲解篡改和毁坏残害，而修复中世纪文物建筑更应该如此。可能正是基于这一点，维奥莱－勒－杜克在每次修复工程完成后，必定会以最快速度把他的发现和经验发表出来。1844 年到 1846 年，他在当时颇具影响力的《考古学年鉴》（*Annales archéologiques*）上发表了 8 篇论文，比如《从基督教诞生到 16 世纪大型宗教建筑的建造》（*On the Construction of Religious Edifices since the Beginning of Christainity to the Sixteenth century*）和《13 世纪建筑物的拱顶》（*Building Vaults in the Thirteenth Century*）。

在梅里美的领导下，维奥莱－勒－杜克成长非常迅速。他刚工作几年就走遍全国各地，对诸项工作熟记于心，具备了主持一个修复工作建筑工地的综合素质，能够有条不紊地监管几十甚至几百个工人，以及掌握财务、会计工作，熟知招投标程序、规章条例和一切所需建筑材料的必备知识，审核费用的支出，等等。

他和年长自己 7 岁的建筑师拉苏斯（Jean-Baptiste Lassus）以友相待，配合默契。两人决定一起合作，竞标文物建筑委员会的巴黎圣母院修复工程，包括建造一座新的尖塔（原尖塔摇摇欲坠，处于垮塌边缘，在 1792 年拆除）。一切水到渠成，瓜熟蒂落，这要感谢维克多·雨果的小说，公众舆论支持这一花费多且工期长的修缮计划，甚至向政府施加压力，提出必须要保护巴黎圣母院。

维奥莱－勒－杜克、拉苏斯与梅里美的友好关系或许也是他们竞标成功的一个原因：文物建筑委员会非常欣赏他们的计划，它不缺乏雄心壮志，又能够自我克制、化繁至简。该项修复方案详细精确，研究透彻，同时预算费用比其他 4 份竞标方案更合理。他们提交的修复报告总共 44 页，还有 22 张大幅图样，充分展示了精湛的修复技术和丰富的中世纪建筑知识，在 1844 年 3 月被正式采用。30 岁的维奥莱 – 勒 – 杜克和 37 岁的拉苏斯成为获胜者。

　　巴黎圣母院修复耗时 20 年，共经历三个不同的政权，从七月王朝（1830—1848）到第二共和国（Second Republic，1848—1852），再到第二帝国。梅里美居功甚伟，他为了保护文物建筑委员会的正常运行，审时度势，及时接纳和拥护新的政权。路易·波拿巴发动政变，推翻第二共和国，建立法兰西第二帝国的一年前，即 1851 年，他在信中向梅里美承诺："维奥莱 – 勒 – 杜克可以继续工作，我保证他将不会受到干扰。"1853 年，梅里美当选为元老院成员，政治上的地位有助于更好地维护他的建筑师团队。引人瞩目的是，维奥莱 – 勒 – 杜克主持的圣母院修复丝毫未受到法国政治剧变的影响。路易·波拿巴，或许还有上帝，似乎都在关注着它。

＊

　　维奥莱 – 勒 – 杜克三岁时，由家中一位老仆带着第一次进入巴黎圣母院：

　　　教堂里非常拥挤，于是他把我抱在怀里。突然，我看见南面玫瑰花窗的彩绘玻璃，立即凝神注目，被它吸引。阳光透过它洒进来,绚丽多彩。我现在依然记得我们站在大教堂里,大管风琴的乐声忽然响起。老仆人告诉我这是管风琴在响,但在我听来,这声音是眼前的玫瑰花窗在歌唱……那种感觉越来越逼真,逼真到让我信以为真,那是一些彩绘玻璃的嵌板在发出低沉且肃穆的声音。我吓坏了,他抱着我出了大教堂。

维奥莱-勒-杜克由此得出结论:"能让我们与艺术产生这种亲密的关系的并非教育。"

1843 年,当勒-杜克和拉苏斯的修复工作开始时,他们对当时的教堂做何诊断?据两人深入研究,这座建于 12 世纪和 13 世纪的大教堂在 16 世纪到 19 世纪初期遭到野蛮破坏。苏利主教奠基的教堂代表着圣母院的"内核"(core),是她最珍贵和最纯净的状态。13 世纪晚期的最后完工和 14 世纪的改扩建是建筑师为圣母院添加的"外罩"(casing),它们没有损害本质上的"内核",也没有减少整体框架结构的清晰透彻。换言之,头三个世纪让莫里斯·德·苏利的杰作更完美,而另外三个世纪则遮掩了她的光彩。勒-杜克和拉苏斯必须医治教堂 300 多年的创伤,恢复她原初的美丽。

他们在修复方案中提出,恢复圣母院正门前的 13 级台阶,这些让教堂显得雄伟高大的台阶,由于巴黎地表升高,逐渐被吞没,在 1507 年消失;重修被岁月侵蚀和人为破坏的装饰性雕塑,特别是怪兽状滴水嘴,它们大部分已经被用普通铅管替换。怪兽状滴水嘴不仅是排水的檐槽喷口，还是哥特艺术的神韵和精华。恢复中殿和唱诗堂的彩绘玻璃窗，1741 年和 1753年它们被圣母院教士破坏，后来用便宜的白色玻璃替换。修复西立面中门雕饰"末日审判"宗教故事的门楣。建筑师苏弗洛（Jacques-Germain Soufflot）1771 年应教士的要求，为了容纳宗教游行队伍中的华盖，去掉了中门拱楣。最后，修复中央尖塔。

两位年轻的建筑师也希望可以发掘出遗迹，能够提供教堂历史和建造过程的新信息，以便更完美和更纯正地修补其晚近遭受的损毁。

议会投票通过了一项 260 万法郎的特别预算拨款，作为圣母院第一阶段修复工程的资金。1845 年春，两位建筑师最先开始修复正立面和装饰性雕塑。维奥莱－勒－杜克凤夜匪懈，仔细检查每个角落，试图发现和识别中世纪雕塑的遗存，希望以此为基础来重现其真容。很多专家和艺术家加入修复工作中，他们描绘和雕刻着反映宗教故事，特别是圣经故事的各种人物和图像。圣母门和圣安娜门也需要修缮。至于 28 尊古犹太国王雕像，它们在 1793 年被当成法国国王而遭到砍头，两位建筑师打算以其他教堂的雕塑为模板重新制作它们，然后放回国王廊的壁龛。

在整体上，修复工作尽量保留原来的石料，只替换不宜再利用的石块，比如正立面 39 根石柱的柱头，只更换了 7 个。近距离观察，可以发现装饰色彩的痕迹，表明正立面原先使用了红色和黄色等醒目的颜色，这正好佐证了维奥莱－勒－杜克长时间以来的观点，即中世纪建筑对色彩装饰的使用。维奥莱－勒－杜克在研究中发现，很多中世纪建筑虽然在结构或者形式上存在区别，但是都利用色彩来增强装饰效果，而文艺复兴时期的建筑，色彩过多、使用泛滥，他认为仅适用于"家具装饰"。在他看来，色彩好似"一个女巫"："用一支画笔就能破坏一个坚实牢固的建筑作品，也同样可以让一座肃穆的圣殿唱起美妙的歌曲。"

在圣母院正立面，维奥莱－勒－杜克仔细观察柱头和安放28 尊国王雕像壁龛的盲拱廊，研究色彩的痕迹。他发现，黑色与鲜艳的红色、绿色、黄色相配合，在装饰中发挥着重要作用："它连接凸起的装饰线条，作为底色涂满在底层，环绕着装饰物，以粗线条重新勾画轮廓。"虽然维奥莱－勒－杜克确定了正立面很多地方使用了色彩装饰，比如国王雕像的壁龛、拱楣和拱门，但是他没有提议恢复圣母院敷彩着色的中世纪特征。或许是因为他知道政府的拨款并不会为这些装饰修复买单。

不过，他为教堂内的小礼拜堂设计了一系列彩色壁画。它们可以取悦教会、本堂神父和信徒，激励他们解囊相助。私人捐赠迅速增多，中殿和唱诗堂的许多礼拜堂得以修缮一新。在勒－杜克的指导下，年轻艺术家奥古斯特·佩丁（Auguste Perrudin）把礼拜堂华盖涂成蓝色，点缀着金色星辰，而浅色墙壁绘着彩色数字纹章。维奥莱－勒－杜克很满意这个设计效果："没想到今天还能够重现这种简洁的线条，它们所用透明色料的神秘配方，之前似乎被意大利修士们永远掩藏在修道院回廊里。"

在教堂其他地方，他们铲除所有石灰涂层和劣质白色涂料。几个世纪以来，每每使用到圣母院，就粉刷一遍石灰浆，把她粉饰得稍微好看一点。修复玫瑰花窗的彩绘玻璃则是另一要务。为了满足教堂神职人员的需要，勒－杜克和拉苏斯依照要求，在教堂南侧修建一个新圣器室，并用一个通道与唱诗堂相连。圣母院成为法国最大的修复工地。然而，5年后，即1850年，热火朝天的工程暂时停工，因为本就不多的资金已经消耗殆尽，难以为继。立法机构必须早日进行投票表决，下拨更多工程款项。

*

随着圣母院修复的进行，维奥莱－勒－杜克声望日隆，越来越多的法国古迹修缮工程争相邀请他。他事务繁忙，长时期在各地奔走，几乎没有空闲回家，对古老石头建筑的爱消耗了他的时间和精力。他的家庭出现了裂痕，最爱的妻子伊莉莎已在作家塞特－伯夫（Charles Augustin Saite-Beuve）的怀里找到了慰藉。塞特－伯夫天性风流，擅长抚慰那些忧郁、敏感、寂寞的家庭主妇，他与维克多·雨果的妻子阿黛尔私通了7年之后，把不轨之心转向了伊莉莎。

维奥莱－勒－杜克对中世纪的热爱，特别是对哥特艺术的透彻领悟，让他成为中世纪文物建筑修复的最佳人选。譬如，他还主持了卡尔卡松城堡（Carcassonne）、圣德尼大教堂和图卢兹附近的圣塞尔南教堂（Saint-Sernin）和其他很多古迹的修复工作。第二共和国存在时间不长，政治不稳定和资金的削减稍微减缓了工程进度。不过，梅里美政治意识敏锐，目光长远，为了维护他的建筑师团队不受影响，很早就向路易－拿破仑·波拿巴（Louis-Napoleon Bonaparte）靠拢，在1851年12月2日政变之前就转入未来统治者的阵营。

法国那些具有六七百年历史的中世纪文物建筑，大多疏于维护，早已迈入迟暮之年，亟待彻底的修缮保养。2400个列入保护清单的文物建筑中，1500个亟须维护，可是政府提供的维修资金却少得可怜。以1848年为例，全国总计才80万法郎。地方政府财政更是捉襟见肘，无法为当地历史古迹提供专项维修资金，因此需要中央财政的兜底和支持。至于其他需要维护且历史稍短的文物建筑，比如卢浮宫，资金同样紧缺，整体修缮需要2500万法郎，而法国议会只批准了一项200万法郎的前期工程拨款。为了令卢浮宫重现昨日辉煌和美丽，总共雇用了3000名工人。实际上，梅里美心里很清楚，路易·波拿巴虽心有疑虑，却支持他的工作，因为文物建筑委员会在法国各地聘用了数千名工人、工匠和艺术家，创建了一个全国性教育和手工艺的体系，对国内整体经济的发展起着促进作用。大规模就业是路易·波拿巴施政的一个基本方向，他为了解决贫困人口的失业问题和平息同胞无休止的反叛精神而伤透了脑筋。

1850 年，维奥莱－勒－杜克为了说服公众和议会给予更多的公共资金，特意在当时具有影响力的期刊《公共工程与建筑博览》（*Revue général de l'architecture et des travaux public*）上发表一篇长文，阐明巴黎圣母院修复的重要意义。他写道，教堂的破败令人触目惊心，墙壁上的壁画、石块和灰泥大部分已经剥落，立面上的裂缝清晰可见，扶壁覆满硝石，石阶的氧化和孔隙增大，屋顶檐口的石膏填充物已经腐烂。这篇文章明了易懂且令人动情：圣母院可能是法国规模最大和花费最多的修复计划，但它意义非凡、情状悲惨、亟须保护。

路易·波拿巴接收到勒－杜克的求助呼吁。在他的干预下，600 万法郎的圣母院修复专项拨款很快由议会通过。不过，这位法国统治者或许想要考验勒－杜克的才干和勇气。他决定在教堂举行 1852 年新年感恩弥撒，留给勒－杜克 5 天时间来装扮"我们的女士"。

几百名工匠和工人在两位建筑师的指挥下夜以继日，辛苦工作。这么短时间内要达到令人满意的装饰效果，只有一个方法：利用帷幕和艺术制品来遮住施工的痕迹。正立面的脚手架都被撤走，入口处临时设置一个缀满金色星星的深红色遮日篷，以欢迎总统和其他贵宾。南面玫瑰花窗用一块绣满金色星星的淡蓝色丝绸覆盖，缴获的各色旗帜挂满了中殿，这些都极大地增强了教堂内部的装饰效果，根本看不出来这里曾是法国最大的建筑工地。柱子裹上了坠着金色流苏的宝石红丝绸天鹅绒。

中殿周围的每根柱子上安放了绿色枝叶编织的很多花环，几百个烛台上点燃着 1.3 万根蜡烛。

路易·波拿巴非常满意这次弥撒仪式，因而 1853 年 1 月 30 日选择在圣母院举办与西班牙女贵族欧仁妮·德·蒙蒂茹（Eugenie de Montijo）的婚礼仪式。这次他要求维奥莱－勒－杜克把教堂布置得与拿破仑一世加冕礼相媲美。利用早期银版摄影术制作的一张照片显示，西立面外侧是两位建筑师设计的哥特门廊，上面饰有查理曼和拿破仑一世的骑马雕像。最引人注目的是，4 只巨大的雄鹰立于教堂的两个塔楼，三色旗和金色旗帜在钟楼顶迎风飘扬。教堂内，到处是鲜花、丝质绣帷、挂毯、横幅标语、旗帜、地毯，还有绣满拿破仑王室标志金色蜜蜂的华盖。这些完全遮住了正在进行的修复工程，让大教堂看起来像一个炫目闪耀的珠宝盒。据记载，新娘满身珠光宝气，而新郎身着中将制服，婚礼现场气氛欢快，皇帝皇后都非常高兴。婚礼仪式后第二天早上 6 点，勒－杜克和工人已经返回工地，继续工作。

在拉苏斯 1857 年突然去世后，维奥莱－勒－杜克独自承担了圣母院的修复工程，并重新设计了一座中央尖塔。1858 年，路易－波拿巴·拿破仑三世批准了这个设计方案。原尖塔实际上只是一座小型钟塔，特别是与附近圣礼拜堂的尖塔相比，它显得不够高大。新尖塔将直插巴黎蓝天，令世人瞩目。维奥莱－勒－杜克在绘制新尖塔草图时就明白，尖塔是中世纪时代视觉符号的一种形式。他打算利用现代工程来改善它结构的稳定性和平衡性。新尖塔骑跨在屋架交叉点上，为八角形，8根角柱微微向内弯曲，目的是"从尖塔基座到塔尖顶点，目之所及，不受妨碍"。在它基座上，他设计了一组3米高的铜像，代表着12使徒和4位福音传道者，沿着通向天堂的"雅各的天梯"向上，努力要登上天国之门。在角柱顶部，长长的尖顶构成一个星星形状的顶点，上面站立着一只收拢着翅膀的雄鹰。尖塔表面采用铅制屋顶，坐落了很多用作排水管的怪兽状滴水嘴。最顶端是一只铜制公鸡形状风向标，体内装着巴黎守护者圣日内维埃芙的遗物。新尖塔1858年1月14日开始修建，1860年冬天完工。2019年4月15日大火之前，维奥莱-勒-杜克设计的这座尖塔一直是巴黎的地理标志，是法国统一的象征。用当下主要负责埃菲尔铁塔维护工作的文物建筑主任建筑师皮埃尔-安托万·盖提耶（Pierre-Antoine Gatier）的话："它是巴黎的一个标志，是一根伸向天际的手指，是法国跳动的心脏。"

*

维奥莱-勒-杜克痴迷中世纪石头建筑，然而，他亦是一位现代建筑师。他从不哗众取宠，也不随波逐流，他在哥特艺术上成果卓著，但是，我们不应忘记，他还是一位技艺精湛的现代建筑师。在他看来，哥特建筑与现代建筑实际上是相通的。他希望未来的法国建筑师能够对历史，特别是13世纪艺术史进行深入研究，来推动现代主义建筑的发展，而研究它们，就像"一个人要学习一门语言，肯定不只是要读懂一个个的单词，更要理解语言的语法及其精神"。他认为，古代希腊和罗马均属考古学的研究范畴，而 13 世纪法国建筑艺术则是艺术教育的第一堂课。他热切地呼吁，巴黎美术学院和法兰西学院的学生都能够研究（study）而不仅是模仿（imitate）这种中世纪风格。

勒-杜克不仅在专业的建筑学期刊，同时也在《美术杂志》（*Gazette des Beaux-Arts*）等通俗易懂的艺术出版物上，阐发这种观点。比如，1860 年他编辑出版了中世纪天才建筑师维拉尔·德·奥内库尔（Villard de Honnecourt, 1200—1250 年）的素描集。在维奥莱-勒-杜克看来，那些精妙绝伦的素描画正好展示了一位合格的建筑师应该身兼多职：工程师、发明家、土地测量师、几何学家、制图员，还要能够"用最少的钱办成最多的事"，组织和指挥众多工人，进行价格谈判，与委托人不仅能够沟通合作，必要时候还要据理力争，说服他们。

终其一生，维奥莱-勒-杜克都在与同时代人对哥特艺术的偏见做斗争。1879 年，他在瑞士洛桑主持教堂修复工作时突然去世，引发国内外的深切悼念。这位没有受过专业导师的指导，通过与文物建筑面对面的亲密接触，自学成才的伟大建筑师走完了自己的一生。很多评论者认为，维奥莱-勒-杜克为建筑师开拓出一条新路径，开辟了一个新纪元。他的建筑理论和思想泽被后人、影响巨大。他一生辛勤工作留下了很多著作和论文，比如多卷本的《11世纪到16世纪法国建筑分类辞典》（Dictionnaire）、《建筑对话录》（Entretiens）和几百篇建筑科学研究论文，当然还有他修复过的文物建筑这类作品。

然而，他修复的建筑和理论著作也受到一部分人的批评。最早的批评者主要是一些艺术家和作家，比如英国艺术评论家兼作家约翰·拉斯金（John Ruskin）、法国小说家马塞尔·普鲁斯特（Marcel Proust）、法国雕塑艺术家奥古斯特·罗丹（Auguste Rodin），他们对中世纪的热爱和欣赏属于另一种类型。他们理解和痴迷的中世纪是充满诗意和象征主义的，与维奥莱-勒-杜克所认为的理性主义建筑和理论原则是截然相反的。换言之，他们不在一个轨道，说的不是同一种语言。第一次世界大战后，认为13世纪的艺术和建筑可以通过复制而被简单地修复的观点受到艺术家的谴责。维奥莱-勒-杜克在他们眼中成为一个伪造者。当然，具有讽刺意味的是，维奥莱-勒-杜克在修复工作中主要借鉴中世纪建筑大师的方法而不是照搬照抄建筑式样，却被视为新哥特艺术的伪造者。在20世纪30年代到70年代的法国，哥特艺术被普遍认为价值不高，而罗马艺术因其雄伟和简朴则获得很高评价，这令维奥莱-勒-杜克的艺术思想更难得到中允的评价。

20世纪80年代，学界对19世纪艺术和建筑学的研究取得了新进展，法国为1900年世界博览会而建造的大皇宫（Grand Palais）等展馆也佐证了维奥莱-勒-杜克在多领域的才能、热情、见识和天赋，从而，他在艺术史家和建筑师中重新获得尊重和威望。不过，在法国普通人的眼中，维奥莱 - 勒 - 杜克的名字几乎是新中世纪愚蠢风格的代名词，他们把勒 - 杜克的作品与在 19 世纪进行拙劣模仿的其他艺术家的作品混淆在一起，那些所谓的艺术家为了满足时人对哥特风尚的需求而肆意地粗制滥造。这使得时人对维奥莱 - 勒 - 杜克的误解短时间内很难消除。

*

4 月 15 日大火之后和黄背心运动危机期间，对维奥莱 - 勒 - 杜克的偏见促发了一场关于圣母院尖塔修复的争论，影响极其恶劣。到目前为止，法国媒体引发了另一个国内分歧，它们挑拨古代与现代的对立，让希望重建勒 - 杜克尖塔的人与想添加 21 世纪风格尖顶的人针锋相对，这将对法国社会造成潜在危害。幸运的是，随着圣母院修缮现场的工人和建筑师忙于加固大教堂，国内紧张情绪和激烈的争论慢慢平息下来。

然而，随着文物建筑主任建筑师菲利普·维伦纽夫向法国总统提交圣母院灾后评估报告，这个问题将重回到公众面前。"我将向总统先生提出自己的建议，并展示其中的利弊之处，不过我不是决策者。我要言明的是，圣母院独一无二，不同于其他任何一座哥特教堂。"火灾之后马克龙（也许轻率地）宣称要在 5 年内重建圣母院，这可行吗？维伦纽夫认为，"5 年内，我们可以重建穹顶和屋顶，向信徒和公众开放大教堂。不过其他方面难以如期完工。"

就个人而言，维伦纽夫并不喜欢所谓的纪念性尖塔。850 年以来，建造或者修复圣母院的每任建筑师都在为这座伟大丰碑无私地服务。最初的 4 任建筑师，即大教堂的"创建者"，都是匿名者。我们不知他们是何许人也，他们亦或未觉得自己与其他建造者有何不同。

维奥莱－勒－杜克成功地把自己修复的建筑与原来的中世纪教堂完美契合，天衣无缝。在维伦纽夫看来，"维奥莱－勒－杜克最伟大之处在于，几乎辨别不出他的建筑作品与中世纪建造者的作品有何区别。他的尖塔与教堂整体风格相符，看起来就宛然就是 13 世纪的建筑物"。事实上，很多艺术史家认为，巴黎圣母院既是 13 世纪的建筑作品，也是 19 世纪再创作的产物。维奥莱－勒－杜克谨慎地利用了当时最新的技术革新，比如他对铸铁构件的利用和提倡就极大地启迪了后世的建筑师。维奥莱－勒－杜克为 12 位使徒和 4 位福音传道者的铜像设计了一种精密的铸铁构架，而当时巴黎圣母院屋顶上曾设想要放置一尊自由女神像。事实上，纽约的自由女神像最初就是由维奥莱－勒－杜克设计的内部铸铁结构，只是他中途病故后才由其他建筑设计师继任，最后经雕塑家奥古斯特·巴勒特迪（Auguste Bartholdi）完成。

哈佛大学设计研究生院教授、荷兰建筑师雷姆·库哈斯（Rem Koolhaas）1948 年跟随祖父第一次来到巴黎，当时他只有 4 岁。他们在咖啡馆和餐厅里休息，品尝各种美食，并参观了很多博物馆和其他巴黎标志性建筑。"当来到圣母院时，我心中充满了敬畏和惊叹。祖父带我信步其中，详细讲解教堂的每一个地方，我慢慢地熟悉了它，从此之后，我每次到巴黎，必定去圣母院，这成了一个习惯。"后来，少年的他阅读了维克多·雨果的《巴黎圣母院》。"圣母院代表着经典，同时也是一种不折不扣的挑衅，它彰显着现代性。从未见过哪座古代的建筑同时又如此现代。"对大火后几小时就产生了有关新尖塔方案的争论，他表示很难理解。"根本没有必要修建一座当代风格的尖顶，最重要的是保持维奥莱 - 勒 - 杜克伟大的作品和思想，不过我是一个乐观主义者，我觉得法国会维护圣母院的统一性。"

　　让我们点燃一支希望的蜡烛，翘首以盼。

第八章
奥斯曼"清理"西岱岛

好像沙漠中心的一头大象。

——皮埃尔－马利·奥扎（Pierre-Marie Auzaz）

在第二帝国时期，巴黎脱胎换骨，城市风貌和生活环境变化巨大。第二帝国的开创者路易·波拿巴，虽不如伯父拿破仑·波拿巴那样雄才大略、天赋异禀，但也算精明强干，尚能把握同胞们的想法和爱好。路易·波拿巴早期流亡国外很多年，却一直关心法国时局，最终把握机会，回到巴黎，当选为第二共和国总统，之后加冕称帝为拿破仑三世。他对法国首都的城市规划和市政管理的影响远大于中世纪以来其他任何一位统治者。他为了维护自己的权力和统治，多管齐下：首先，维持民主体制的假象；其次，施行看似宽容的新闻审查制度（依靠报刊的自我审查）；最后，支出大量的公共资金投入基建，路易·波拿巴令法国人，特别是巴黎人眼花目眩、赞叹不已，这样他就可以更好地讨好和驾驭人民。他极大地推动了法国和首都的"现代化"，并采用国家支持的大规模就业政策来驯服同胞的叛乱起义精神。

他与路易－菲利普的统治风格和个人性格截然不同。19世纪三四十年代当政的"平民国王"路易－菲利普，一直尽量避免举行王室的盛大典礼仪式，总是以"人民的国王"或者法国人称之的"中产阶级国王"的面目出现。比如，他举止优雅，身着便服，衣服简朴又不失整洁，他会带着少量随行人员出现在林荫大道散步，与路人聊天。路易·波拿巴则正好相反：对他和法国而言，极尽奢华和富丽堂皇是理所应当的。"暴发户"（nouveau-riche）这个词最早可能就是形容他的。对于君主来说，继承人问题对保持权力至关重要。当皇后欧仁妮1856年诞下一位王子时，巴黎圣母院很自然成为举行洗礼仪式的最佳教堂。乳名路路（Loulou）的小拿破仑·欧仁（Napoleon Eugene），集父母万千疼爱于一身，在被主教施洗礼后，将成为拿破仑三世之后法国当然的统治者，这是洗礼仪式最重要的政治意义。为了这件大事，帝国政府特别督造了四口铜钟，并把它们安置在钟楼里，即安吉利可 – 弗朗索瓦（Angelique-Francoise），安托瓦内特 – 夏洛特（Antoinette-Charlotte）、亚森特 – 珍妮（Hyacinthe-Jeanne）和德尼 – 大卫（Denise-David）。维奥莱 – 勒 – 杜克和拉苏斯由于三年前在路易·波拿巴和欧仁妮婚礼筹办过程中的出色表现，这次被指定为仪式筹备和现场布置的设计者和负责人。

路路的教父是教皇庇护九世，教母是瑞典王后，不过两人不能亲自来法国出席仪式，分别由红衣主教康斯坦迪诺·帕特里奇（Constantino Patrizi）和巴登大公作为代表，这或许表明他们并不太重视法国的新王室。路易·波拿巴遵循自己的座右铭"靠借贷过活"，借款40万法郎作为仪式的花费支出。为了这次仪式，皇帝特别赏赐给教堂全体教士12套法衣，主要包括白色丝质长袍法衣、短祭袍、十字裾和圣带。当天，高级教士全部出席，其中85位大主教和主教站在唱诗堂，另有5000名贵宾应邀参加这位8个月大的王子的洗礼仪式。

*

当奥斯曼男爵由路易·波拿巴任命为塞纳省省长而进行巴黎大改造时，维奥莱-勒-杜克不辞辛劳地负责修复圣母院已达10年之久。除了这座大教堂在新哥特艺术的重塑中即将焕发荣光、复兴再生之外，巴黎依然混乱肮脏。正如鲁伯特·克里斯蒂安森（Rupert Christiansen）在《光之城市：巴黎的重塑》（*City of Light：The Reinvention of Paris*，2018）中描述的，"这座城市的建筑阴暗无光，凋敝破败；卢浮宫或者凯旋门这些富丽堂皇的建筑就像臭气熏天的荒野中的绿洲，周边污秽遍地，犯罪横行，街道狭窄弯曲，像迷宫一样，住房破旧不堪，人口密集，居民潦倒悲惨，住在这里真的是有害身心健康"。

尽管1832年和1849年巴黎两次霍乱大流行，总共死亡2万人，但是在1801年到1866年的65年里，它的人口还是从54.7万人上升至180万人，增长了两倍还多。巴黎交通状况众所周知的令人憎恶，日日拥堵不堪，极大地阻碍着首都的经济发展。其他城市问题，比如公共卫生、下水道系统和公共照明的缺乏，所有这些都亟须解决。在路易十四、大革命、第一帝国和路易－菲利普等各个时期，城市进行了一些规划和重建工作。拿破仑修建了两边具有拱形游廊的里沃利大街（rue de Rivoli），连接协和广场和夏特莱。路易－菲利普国王任命的塞纳省省长朗布托伯爵（Comte de Rambuteau）在右岸部分街区修筑了新的下水道和供水管，不过它们范围有限、分布零散、不成体系，因此亟须建成范围更广、相互连接、设施完善的排污和供水系统。

首都市中心建起了很多火车站，铁路路线和里程迅速增加，这使得建设顺畅高效的交通系统更加急迫。是时候对巴黎采取激进化和全面化的改造方案了。重建法国首都的代价非常高昂，花费将是天文数字，需要对大面积房屋进行拆除、征用和补偿。针对这一计划，巴黎市政当局畏缩不前：从哪里筹措这么多资金呢？在路易·波拿巴的干预下，立法机构投票通过了，事情有所进展：议员投票支持两种方法筹集资金，第一是向银行贷款，第二是按法律程序征用私人用地，既能提供充足的财政资金，还没有太多申诉的机会。为了监管巴黎大改造计划，路易·波拿巴必须选用一名执行力强、深得其心的官员。他在吉伦特省首府波尔多（Bordeaux）找到了合适人选。

祖籍为阿尔萨斯（Alsatian）的新教徒乔治·欧仁·奥斯曼在波尔多任职时表现突出。他敏锐、高效、勤勉、自律、条理性强，且没有任何政治野心。他痴迷歌剧，喜欢演奏大提琴，最终却选择了法学专业。他气宇轩昂、高大英俊，肩膀宽厚结实，但是严谨有余而活泼不足，缺乏个人魅力。他总是直言不讳，作风强硬，不喜繁文缛节。1853 年 6 月 29 日刚被任命为塞纳省省长，他立即投入工作，在任时一直保持早上 6 点开始上班的习惯。路易·波拿巴给他指明了大致方向："打通堵塞的城市大动脉，让它自由舒畅地呼吸。"奥斯曼深受信任，频繁受到路易·波拿巴的接见，汇报工程进展情况。

历史学家经常提及一种观点，即奥斯曼年幼时生活在巴黎，肮脏杂乱的城市环境总是引起他哮喘病发作，所以他掌权后特别喜欢解剖——有人称之为屠杀——巴黎，就像外科医生一样冷酷而精准。他的第一刀挥向卡鲁索广场，这里挤满了破损坍塌的房屋和马厩牛棚。他每次看到这个地方，都会觉得它是城市的耻辱。接着是以夏特莱为中心的大十字路口。巴黎北站和东站将与几条林荫大道直接相连，并一直能够通到巴黎南端。至于里沃利大街，它将被加长，能够延伸到巴士底。南北纵向和东西横向的几条大道在 1859 年完工，它们宽敞明亮，壮观华丽，两边还有绿树成荫的人行道，深受巴黎人欢迎，成为散步休闲的好去处。

19 世纪 60 年代，在巴黎所有的火车站、大广场周边新建了 26 公里林荫大道，例如，凯旋门周围也建成了能够直达的林荫大道，左岸圣日耳曼大道向东延长。为了服务于理性思维和直线距离，还计划拆除一些豪华别致的私人宅邸。先贤祠（Pantheon）周围环境得到彻底改变，不过改造最彻底的当属西岱岛，可以说是"面目全非"。

奥斯曼厌恶西岱岛，而这种憎恶之情是童年噩梦的产物。"这个孩子面容苍白，患有哮喘病，他极其讨厌污垢，惧怕浊气，但每日上学必经西岱岛，这让他深恶痛绝、深受其罪。"作为肮脏污秽的终结者、潮湿和犯罪的克星，除圣母院、圣礼拜堂、巴黎古监狱（Conciergerie）和16世纪所建的太子广场（place Dauphine）部分区域，奥斯曼几乎摧毁了西岱岛上所有的中世纪肉体（建筑）和灵魂（精神）。

重建的圣米迦勒桥（pont Saint-Michel）和兑换桥（pont au Change），增加了进出岛内的途径。西岱岛南侧河畔的主宫医院和孤儿院被拆除，并在圣母院前院更北边的地方得到重建，如此一来，大教堂周边环境整洁有序，窝棚茅屋从此绝迹。另外，奥斯曼希望人们漫步在左岸时能从西、东、南三个方向清晰无碍地看到圣母院，为了呈现这一完美观感，许多民众付出了代价。

圣母院对面建起了警察局，在圣礼拜堂附近原剧院位置，巴黎商业法庭（Tribunal de Commerce）拔地而起，两座庞大而冷冰冰的大楼，使无数工人阶级出身的巴黎人无家可归，离开故土。在奥斯曼改造之前，西岱岛大约有1.5万名居民。重建方案实行后，岛上仅剩5000人。奥斯曼发泄了复仇之火，很显然，现在人们可以自由舒畅地呼吸新鲜空气了，可是在巴黎其他地区，他从未这么残酷无情。他是否为此后悔过呢？
1970 年，在教堂前院的地面上，浅色鹅卵石依稀可辨，隐隐向
世人诉说着中世纪时代的新圣母院大街车水马龙、人烟阜盛，
抚慰着岛民受伤的记忆。

在人们的集体想象里，奥斯曼因其在巴黎的所作所为而屡
遭谴责。事实上，我们都深深受惠于他所建设的光彩夺目和
有益健康的新首都，这里有宽敞的林荫大道，美丽的广场，
环境清幽的肖蒙山丘公园（Buttes-Chaumont）和蒙苏里公园
（Montsouris），气派的巴黎歌剧院（Opera Garnier），热闹的
巴尔塔市场（Halles Baltard），这里有庞大的污水处理系统，排
污管道长达 60 公里长，内部配备煤气灯照明。该工程完工后，
引得来访的每一位外国元首竞相参观。

奥斯曼的确摧毁了整个社区。不过，这个社区里的居民大多
以小偷小摸和卖淫维持生计，夜宿棚屋，瘟病滋生。他摧毁的是
一个被维克多·雨果《巴黎圣母院》所浪漫化的中世纪时代，也
清理了浊气熏天、偏僻狭窄的街道。圣母院雄伟壮丽地伫立于西
岱岛东端 150 年，从西到南，从南到东，每个人都能清楚地仰望
着她，这都要归功于奥斯曼男爵。

几个世纪以来，圣母院与巴黎人比邻而居，呼吸着周遭的
人间烟火，端坐于吵闹喧哗的市井中。突然之间，她雄伟地高
耸一方，茕茕孑立，独对一个 200 米长、150 米宽的大广场，面
积是原来前院的 6 倍之多。19 世纪后期，巴黎圣母院与周边

环境的互动方式彻底地改变，变成了今日我们看到的模样。

奥斯曼男爵既是一位破坏者，也是一位舞台导演。他所展示给大家的巴黎圣母院，对一些批评者来说，是"沙漠中心的一头大象"，对另一些人来说，是巴黎王冠上的珍宝，每个人都想赞美和拥有。正是因为奥斯曼男爵，我们不管从哪个方向都能看到圣母院的优雅身姿。"正是因为奥斯曼，巴黎圣母院才变得更具可读性和可见性，她成为一个统一体。"

第九章

1944 年，戴高乐与巴黎解放

《圣母颂》的歌声唱起来，以前所未有的热情。然而，枪声也一直没停。

1939 年 9 月战争爆发时，第三共和国（Third Republic）已经统治法国 69 年。自大革命以来，法国政权如走马灯般更迭频繁，共经历 9 个不同的阶段，其中第三共和国曾是延续时间最长和政治弹性最大的时期。但是，它的寿命将尽，只有几个月可活。

　　然而，第三共和国时期颁布的 1905 年《政教分离法》（*Law on the Separation of Church and State*）给法国打上了永久的烙印。很多家庭因它夫妻反目，父子成仇，它对法国社会造成了不可估量的影响。19 世纪后半叶，一种强烈的反教权思想成为共和主义的明显特征。《政教分离法》实现了国家与教会的分离，把法国人从教会无处不在的束缚中彻底解放出来，使大多数法国公民品尝到良知自由的喜悦。虽然教会早已成为经常被嘲弄的对象和法国著名讽刺作品的题材，然而，巴黎圣母院作为尊崇之地，依然能够远离政治论争和宗教批判。第三共和国假装不理会这座既让它崇拜又让它畏惧的圣殿。事实上，在那些绝望时刻，它也曾到圣母院寻求信心和依靠，向被它忽视的神祈援。

　　和第一次世界大战时一样，巴黎圣母院所有入口和大门处，唱诗堂前排座位的地方，中殿里面珍贵塑像的周围，再次堆起了一摞摞防护用的沙袋，要说变化，就是红衣主教埃曼纽尔·叙阿尔（Emmanuel Suhard）此时已经成为巴黎大主教。和其他巴黎人一样，他眼睁睁地看着德国军队在 1940 年 6 月 14 日兵临城下，无能为力。德国发动闪电战，几周时间就占领了法国北部，势不可挡，英法军队只能节节后退。法国总理保罗·雷诺（Paul Reynaud）6 月 11 日宣布巴黎为不设防城市，他和政府早已逃到了图尔，之后继续奔至波尔多。临走前，他委任美国驻法大使威廉·克里斯蒂安·布列特（William Christian Bullitt）为巴黎实际上的统治者。

巴黎的美国人社区，是美国人在欧陆各国中最大的团体，自大革命以来与这个城市结下了特殊的情谊。美国建国元勋本杰明·富兰克林（Benjamin Franklin）去世时，当时的国民议会下令全国哀悼三日，以示悼念。因此，德军占领巴黎后，让最后一任美国大使代表巴黎的利益，似乎顺理成章。49 岁的布列特生性潇洒，喜好漂亮女人，他早年做过美国媒体驻欧洲记者，1933 年至 1936 年担任美国驻苏联第一任大使，是一位亲欧美国人。他能够流利地说三种语言，这要归功于其母路易莎·霍维茨（Louisa Horwitz），这位德裔犹太女人对语言的重要性有深刻体会。

6 月 12 日撤退之前，法国总理保罗·雷诺不确定德国人是否会遵守战争中的一个国际协议，即不设防城市免遭征服者的轰炸，他请求朋友布列特劝说德军不要破坏巴黎城。在接到保罗·雷诺的请求后，布列特坐车来到巴黎圣母院。他在这里参加了红衣主教叙阿尔主持的祈祷仪式。"他跪在教堂前排长椅的祈祷凳上，看起来很哀伤，为他热爱的这座城市流泪。"不知道他是在祈求上帝赐予力量还是祈求奇迹发生？

归来时，布列特重回坚定。他马上派遣大使馆所辖美国士兵和海军陆战队员求见德军司令官。德军最初同意和平开进巴黎，不过，法国抵抗运动组织在圣德尼门附近枪杀德国官兵，德军第18集团军司令官乔治·冯·屈希勒尔将军（Georg von Küchler）恼羞成怒，命令次日上午8点空军和炮兵火力全开，彻底占领巴黎。几小时之后，巴黎就要炮火浴城，遭受华沙和鹿特丹一样城毁人亡的命运，布列特必须立即行动。他流利的德语和法语这时发挥了重要作用：他派遣两位法国军官到巴黎城北18公里的埃库昂（Écouen）进行协商，达成了尽快移交城防的条件和步骤。屈希勒尔改变主意，签署同意巴黎投降的文件，收回了轰炸城市的命令。一个美国人拯救了"光之城市"。

德国占领者把巴黎变成了一堆石头。古希腊神话中有故事讲道，"一个男人妄图强暴一位女神，当他触摸到她时，她却变成了石头。巴黎城就是如此，德国人来了，而巴黎的灵魂出窍、远走躲避，只剩下一堆石头。"36岁的美国外交官乔治·F.坎南（George F.Kennan）在1940年7月3日日记中这样写道。

4年时间里，巴黎好像陷入了沉睡，一觉不醒。不过对那些有心人来说，她的心脏一直在强劲地跳动中。在巴黎圣母院，宗教仪式和典礼仪式一直正常举行。1941 年 5 月 18 日，圣母院那尊 14 世纪的"巴黎圣母"雕像脚下供奉了一盏日夜不息的灯台，祈愿巴黎的解放。三年后的 1944 年 5 月 21 日，即诺曼底登陆日的十几天前，为法国灵魂祈福的公祷仪式在巴黎圣母院如期举行。据说有 2.5 万名巴黎市民参加，教堂内和前院广场挤满了人。叙阿尔大主教主持仪式："圣母玛利亚，我们的巴黎女士，法国女王与和平女王，望慈悲的您能够听到我们的呼唤和祈祷！"

不过，几周后的 7 月 2 日，红衣主教叙阿尔同意为 4 天前被抵抗运动组织刺杀的菲利普·汉诺（Philippe Henriot）举行葬礼弥撒就显得不那么明智了。菲利普·汉诺是一个典型的叛国者，在德国人扶持的傀儡政权，以贝当元帅（Marshal Pétain）为首的维希法国政府中担任宣传部长。总理皮埃尔·赖伐尔（Pierre Laval）及所有内阁成员与德国高官一道参加了这次弥撒，这是维希法国不光彩历史上最后一次集体亮相。圣母院很多教士参加了抵抗组织，而众所周知，红衣主教叙阿尔秉持政治中立。1944 年 8 月，巴黎城内暴动起义的怒火一触即发，抵抗运动组织要求红衣主教置身事外：他可以性命无忧，但不要干涉抵抗活动。

8 月 16 日，巴黎城内发生暴动。臭名昭著的亲德巴黎电台突然停止了节目播出，它的领导高层在夜幕里消失无踪。反攻开始了，不过局势万分危险，德军在巴黎城内仍占据优势。法国抵抗运动组织急切地想反击德国人，但困于人手少、武器匮乏、装备差，无法有效打击首都要地的德国军事力量，特别是德军坦克。如果过早起义的话，双方将会陷入激烈的巷战，巴黎将受到德军轰炸，市民会惨遭屠戮。

不同政治派别的各种抵抗组织对法军第二装甲师的动向都极为关注，该师由戴高乐麾下的菲利普·勒克莱尔（Philipe Leclerc）将军率领，不知何时才能抵达巴黎。另外，和其他参加诺曼底登陆的法国军队一样，第二装甲师直接由欧洲盟军最高司令，即美国艾森豪威尔（Dwight Eisenhower）将军指挥，这让当时的情况更加复杂化。艾森豪威尔打算绕过巴黎，暂时不解放它。戴高乐从临时驻地阿尔及尔秘密飞抵法国前线，向艾森豪威尔陈述及早解放巴黎的重要性：首都的命运具有重要的象征意义，这并非军事优先性所能比拟的。巴黎的抵抗运动组织，不论是戴高乐派还是共产党都已经箭在弦上，怒火冲冲，急不可耐地要求赶走德国侵略者。

8月18日，抵抗运动组织发出起义总动员令。号召反击敌人的招贴在夜幕掩护下贴满了首都的大街小巷。它呼吁法国原来的军官、预备役军官和"所有能够行动起来的男男女女加入起义的阵营中来"，"攻击所看到的德国人和维希政权的卖国贼"。8月19日拂晓，起义正式爆发。巴黎圣母院对面的巴黎警察局内，罢工的2000多名法国警察心向抵抗组织，一大早聚集于此，举行抗议，随后开始射击德国士兵和坦克。起义的战斗打响了。起义者开始在全城交通要道特别是十字路口架设街垒，主要是阻止敌人坦克的调动。内地军（FFI）也开始占领重要的政府部门和其他机构所在地，比如市政厅、印刷厂和报社。

戴高乐将军在知悉巴黎起义后，速派勒克莱尔前往增援。勒克莱尔在未取得艾森豪威尔同意时先行派出少量先头部队抵达巴黎。8月21日，全国抵抗委员会到处分发连夜赶制出来的传单，呼吁巴黎人民"保持战斗，用一切可能的方式攻击敌人"。《战斗报》（Combat）编辑阿尔伯特·卡姆斯（Albert Camus）用慷慨激昂的语言道出了真谛："什么是起义？就是把人民武装起来。什么是人民？是民族中不再卑躬屈膝的那些人。"鉴于巴黎起义已经爆发，形势危急，8月22日，艾森豪威尔和奥马尔·布莱德利（Omar Bradley）将军最终同意美军第四步兵师协助勒克莱尔师一起行动，解放巴黎。巴黎抵抗运动组织已经光复半座城池，不过弹药已经消耗殆尽，粮食所剩无几，大部分市民已经挨饿好几天，生活难以为继。

经过艾森豪威尔和戴高乐双方协商，决定由勒克莱尔的第二装甲师最先开进巴黎。一小支先头部队在8月24日晚上9点20分抵达市政厅。巴黎圣母院接到命令要敲响呼召人民的钟声。晚11点22分，258岁的埃曼纽尔凝重而洪亮的钟声传遍了市区，周边8公里清晰可闻。新成立的法国国家广播电台的播音员号召其他教堂的神父敲响他们的钟声，很快，巴黎各处教堂的钟声此起彼伏,呼应着圣母院的埃曼纽尔,合奏成一首战斗进行曲。

"圣母院沉重的钟声骤然响起,令人难以置信,震撼不已。圣母院的钟声意义非凡,作用重大,好像在说:'向您致敬,这一时刻无比重要,又无比危险。'"35 岁的戴高乐派作家和抵抗运动战士伊夫·卡佐(Yves Cazaux)在日记中回忆道。

8 月 25 日拂晓,巴黎南大门,直通左岸的奥尔良大街(avenue d'Orléans)传来隆隆的发动机轰鸣声和履带声,巴黎人被大地的震动惊醒,原来是法军第二装甲师的坦克在咆哮。大家携幼扶老,冲上街头,载歌载舞,欢迎解放者。"我们所有人都能感觉到,大家的心脏在一起跳动。没有平民,没有士兵,有的只是自由人。"当时也在人群中的 39 岁哲学家让 - 保罗·萨特(Jean-Paul Sartre)这样写道。

戴高乐在《战争回忆录·统一(1942—1944)》一书中对当时的情况记述道:"4 年里,巴黎一直是自由世界的心病。突然之间,它又成为吸引人心的磁铁。"[1]这位自由法国的领袖知道,"巴黎决定着法国政权的归属"——当然,是在美国等盟国不干预的情况下。自诺曼底登陆以来,戴高乐像英雄一般受到沿途法国各地,如布列塔尼和诺曼底人民的热烈欢迎。但是,与

1.本章中《战争回忆录》引文翻译参考了世界知识出版社 1981 年中译本,为了本书风格的统一,部分语句由译者自己译出。——译者注

英国不同，美国当局一直与维希政府及其他声名狼藉的所谓第三共和国原议员们保持着联系。美国极为担忧法国共产党的抵抗组织武装，对戴高乐能够掌控法国的局势缺乏信心，不想把政权交到他的手中。

戴高乐很清楚自己必须尽快抵达巴黎。"我在那里要做的是，聚拢人心并拧成一股法兰西民族的精神气势，还要向人民展示自己和政府的权威。"

*

8月25日，在飞速开往巴黎的汽车里，戴高乐感到"既激动又舒畅"。下午4点多，他到达设在蒙特帕尔纳斯火车站的第二装甲师师部，勒克莱尔将军已经等候在那里。他手里拿着一封希特勒所任命的大巴黎区城防司令迪特里希·冯·肖尔铁茨（Dietrich von Choltitz）所签署的投降书，墨迹未干。所有人都认为戴高乐会直接到巴黎市政厅。不过出人意料的是，戴高乐来到圣多米尼克大街（rue Saint Dominique）14号的国防部（Ministry of War）大楼布列讷宫，它就在安葬拿破仑的荣军院（Invalides）附近。戴高乐最先来此，随后国防部大楼成为法国暂时的统帅部和政府所在地。

这是一座18世纪早期的建筑，几度易手，拿破仑的母亲曾经居于此处，后成为国防部所在。戴高乐上次在这里是1940年

6月10日夜与总理保罗·雷诺一起，当时他是国防部副部长。"每件家具、窗帘和挂毯，都原样未动。在部长办公桌上，电话还在原来的位置。不久有人告诉我，共和国其他部门也都是如此。除了国家政府以外，一样未变，一样未少。我应当在这里把政府恢复起来。"

他面临着两个最紧迫的事情：公共秩序与食物供应。早上7点钟，他来到巴黎警察局总部慰问起义并一直坚持战斗的警察队伍。随后，他在副官等随行人员陪伴下步行经过巴黎圣母院前院广场，沿着阿尔科勒街（rue d'Arcole）和阿尔科勒桥（pont d'Arcole）穿过西岱岛，到达市政厅，而全国抵抗运动委员会（National Council of the Resistance）的成员已经在此等候。一路上到处是欢欣鼓舞的人群。他在市政厅发表了一个简短讲话，法国电台在现场对全国进行了直播：

> 为什么要我们在家里，在起来解放并亲手解放了自己的巴黎的时候，把激动着我们每个男女公民的激情掩藏起来呢？绝不，我们不能把这种深刻而神圣的激情掩藏起来。这是在我们不幸的一生中从未有过的时刻。巴黎！被敌人踩蹦过的巴黎！横遭破坏的巴黎！受尽千辛万苦的巴黎！巴黎，到底是解放了！……自从占领巴黎的敌人向我们投降后，法兰西又回到了巴黎，她又回到了自己的家里来了。法兰西虽然遍体鳞伤地回到巴黎，但她却是十分果断坚决

的。经过无数的教训，她重新变得清醒，也从未如此深刻地理解了自身的义务和权利。

全国抵抗运动委员会的领导人建议戴高乐依照传统在市政厅阳台上宣布共和国成立，但戴高乐毫不犹豫地拒绝了这一建议。他以铿锵有力的声音说道："共和国从来没有停止存在过，自由法国、战斗法国、法兰西民族解放委员会都与它形成一体，维希政府过去和现在都是无效和非法的，我本人就是共和国政府的主席，为什么还要宣布共和国成立呢？"

随后戴高乐回到国防部，收到了起义和解放中死伤和俘虏情况的详细报告：俘虏 14800 名德国人，击毙 3200 名德国士兵，而法军第二装甲师有 600 名士兵和 28 名军官牺牲。从一周前起义至今，2500 名抵抗运动的战士牺牲，1000 多名市民死亡。

戴高乐将军知道只有人民才能为一个人加冕。他计划在第二天，即 8 月 26 日下午正式进城，在香榭丽舍大街阅兵游行，展示自我，取得他们的信任。他将从凯旋门（Arc de Triomphe）走到圣母院，并在大教堂参加庆祝胜利的感恩赞仪式。整个晚上，法国国家广播电台都在广播大游行的消息。尽管缺少各种家用和公共的交通工具，但是，据说大巴黎地区的很多居民一大早就开始步行往游行路线聚集。

*

第二装甲师的坦克和装甲车分别布防在凯旋门、协和广场和圣母院前院广场等地。人们都知道,这样做风险甚大。纳粹空军在巴黎城北拥有很多轰炸机,垂死挣扎的德军狙击手仍然躲藏在首都很多角落。下午3点,戴高乐出现在民众面前。随行人员有腰间配枪的法国抵抗运动的其他领导人,身着制服的宪兵和警察,甚至还有一名脖子上戴着金色勋带的市政官员。在凯旋门那里,戴高乐来到法国无名战士墓,重新点燃了墓碑前的灯火,这是一种象征性姿态,他是自1940年6月侵略者占领以来,第一个在自由中完成这个神圣的举动的法国人。"梦想终于实现了!"他在回忆录中这样写道。

随后,他来到香榭丽舍大街。"啊!看起来就像人的海洋!人群密集,可能有200万之众。大道沿途,群众站在屋顶上、窗户里,很多人爬上能利用的灯柱、旗杆和梯子上。目之所及,头上阳光普照,三色旗鲜艳夺目,黑压压的人群如潮水般在涌动,在欢呼。"戴高乐徒步走在这条庄严宽阔的漂亮大道上,相貌魁伟,从容镇定。他知道人民是为他而来。他代表着他们的希望。他必须表现得如兄弟般友好亲切,显示出民族团结的形象。"我周围的很多人担心受到敌人的袭击,但是,今天,我相信法兰西的好运。"

马路边成千上万的人向戴高乐致以雷鸣般欢呼,不停地叫喊着他的名字。"这一刻,是多么的不同寻常!这是民族觉醒的奇迹，这是几个世纪以来，照亮我们法兰西历史的无数重要时刻之一。这一刻，整个法国只有一个思想、一个精神、一个口号，分歧消失了，个人也不存在了。"戴高乐不仅和善亲切地和围观群众打招呼，还向沿途历史名人的雕像致以敬意，比如一战时期法国总理克莱蒙梭（Georges Clémenceau），圣女贞德（Joan of Arc）。他环视周围，深刻地意识到走在这里，就像在法国历史长河中徜徉，从象征美丽和荣誉的香榭丽舍大街，路易十六和玛丽·安托瓦内特人头落地的协和广场，拿破仑生活和重建的杜伊勒里宫、卢浮宫，到达延续着巴黎城记忆的市政厅。"历史，凝聚在这里的每一块砖石，每一条街道，它们仿佛在向我们微笑，同时，也在警示着我们。"

在市政厅前，美国和英国的摄影师的镜头下，戴高乐检阅了部队官兵。这些珍贵的画面极为重要。他知道华盛顿当局将仔细检视这些新闻短片。

这天游行的高潮是圣母院举行的感恩庆典，原定于下午5点开始，不过戴高乐提前到达。大教堂早已无立锥之地，很多来得太晚而进不了教堂的巴黎人选择在外面等候将军，教堂前院广场、阿尔科勒街、连接右岸市政厅与西岱岛的阿尔科勒桥都挤满了人。

8岁的玛格丽特－玛丽·皮丽森（Marguerite-Marie Peresson）与母亲、失明的父亲一起挤在阿尔科勒桥，"那个坚定威武的英雄马上就要来了"。当戴高乐经过时，她大声喊道："哦，他是多么英俊！"12年后，回忆起这一幕，她不由得害羞起来。当小女孩在为这个"伟丈夫"（le grand homme）震撼和着迷时，突然听到一连串的枪声。

大家赶紧卧倒在人行道上，玛格丽特的母亲催促女儿赶快祈祷。每当她抬头看母亲，母亲就会把女儿的头按在地面上，命令她继续祷告。"我这一辈子从来没有念过那么多遍《圣母颂》。"玛格丽特后来回忆道。

一战老兵乔治·德拉吕（Georges Delarue）和妻子带着年幼的儿子站着教堂大门口的前院。当阿尔科勒街传来戴高乐万岁的欢呼声时，他注意到北钟楼柱廊上有几个异样男子，当时很纳闷他们到底是谁。几分钟后他听到两声枪响，守卫前院广场的第二装甲师士兵立即扫射还击。"毫无疑问，这是要暗杀戴高乐。"德拉吕保护着家人蹲伏在他们的自行车后面，慢慢地从小桥撤到了左岸，并躲进圣雅各街（rue Saint-Jacques）一家药房暂时避难。恰好有一个浑身血淋淋的女人被送到了这里。

薇西内小姐（Vésinet）从下午1点45分就坐在了圣母院的前排长椅上。"我可不想错过这一切。"她坐在中殿前端紧挨着过道的第一排长椅上，想近距离看到戴高乐。下午4点多，薇西内和教堂里面众人听到大门外一片混乱喧闹声，枪声四起，戴高乐走了进来。"他来到中殿，走向祭坛。当我们趴倒在地上躲避子弹时，他看起来是那么镇定。"在西门靠近大管风琴的楼廊处，还有枪手在开枪射击。"当看到他如此镇定，丝毫不为骚乱所动，我们也重新坐回长椅上，不过射击没有停止。真是不可思议！"红衣主教叙阿尔由于抵抗运动组织的反对而没有出席，只有总司铎和教士们上前欢迎戴高乐。他们请戴高乐坐在祭坛前专为最尊贵人士所准备的深红色座椅上。

对 27 岁的电台播音员兼记者雷蒙德·马西亚克（Raymond Marcillac）来说，这天是他职业生涯的第一次新闻报道和播音。他携带着笨重的机器早早到了教堂，在唱诗堂上方的楼廊找到了一个好地方，居高临下正好能看清中殿的一举一动。他刚开始广播报道，枪声就响起了。从他的现场报道中，不时传来紧张的呼吸声、噼啪的枪声，还有他喘着气说话的声音。马西亚克趴伏在地板上进行报道，离枪手非常近：

（几下沉闷的枪声）勒克莱尔将军勇敢无畏的士兵马上就要逮到那些向人群开枪的懦夫。戴高乐将军现在从大门进来了（枪声和热烈的欢呼声）。将军正在重新布置一些座位，他刚才奇迹般地躲过了袭击。将军非常镇静，混乱和射击没有干扰到他，他走向了祭坛。圣器室的司铎为他指明了贵宾席座位，我要说……（几声枪响），我要说的是……（几声枪响），我们面前的是共和国的总统。他在枪林弹雨中淡定自若，他是一位伟人……（几声枪响）。人们蜷伏在长椅下躲避攻击。尽管一片混乱嘈杂，神父还是站到了自己的位置上。将军似乎毫不在意，他的沉着令人敬佩不已。大家也重新站了起来，回到座位，开始为将军喝彩欢呼。大门现在关上了。勒克莱尔将军的士兵似乎击退了敌人，恢复了现场秩序。

《圣母颂》歌声响起时，教堂内外不时传来零星的枪响。雷蒙德·马西亚克在广播中介绍："大家开始唱《圣母颂》时，我看到勒克莱尔将军的士兵冲入教堂，抓捕仍在教堂内的枪手（颂歌响起）。这一时刻如此特别，很难描述每个人复杂的心情，大家既感到害怕，又对法国新领袖充满了喜爱。"

戴高乐将军看起来非常冷静和沉着，但是他明白自己必须让这个仪式尽快圆满结束，因为当时情况很容易对现场群众造成伤害。他在回忆录中这样记述：

我刚到达圣母院前，广场上就响起了枪声。对我来说，目前最重要的是不向逆流让步。于是，我进入教堂。教堂内部也到处响起了枪声。当我走向唱诗堂时，观礼者稍稍低着头喊着口号。我到座位上就座。教堂的教士们也坐好了。《圣母颂》的歌声唱起来，以前所未有的热情。然而，枪声也一直没停。向穹顶射击的子弹迸出的碎石，散落到人们头上。不少人受到波及。虽然神职人员、司仪人员和群众都坚持下去，表现良好，但我仍提前结束了这个仪式。

戴高乐站了起来，气宇非凡地走出教堂，在场众人不停鼓掌和喝彩。他在离开时和勒克莱尔交谈了几句话，随后坐车回到了圣多米尼克大街的国防部。这天晚些时候，纳粹空军轰炸了巴黎部分地区，毁坏500多间房屋，炸死炸伤1000多名市民。戴高乐写道："今夜，在诸多动荡混乱之后，一切终于平静下来。是时候开始处理马上将要面临的各种问题了。今天，团结统一取得了胜利。"

第十章

2013 年，巴黎圣母院的铜钟

洪亮的钟声响彻全岛。

2013 年 3 月 24 日是圣枝主日，巴黎市民在早上从《巴黎人报》（*Le parisien*）得知一个好消息。那就是在当天下午 6 点，圣母院新铸的几口钟将第一次敲响，与 1686 年就置于南钟楼的埃曼纽尔一道钟声齐鸣。这一历史性时刻和音乐的盛典绝对不容错过。

　　自 2 月以来，巴黎市民与近 100 万名游客来此一睹它们的稀世容颜。直径达 2 米的几口新钟陈列于圣母院中殿，供众人瞻仰。毕竟，它们很快就要被移至南北钟楼了，至少在未来 300 年，都要待在那里。所以，趁现在还能看到它们，赶快一饱眼福吧。

　　甚至女权组织"费曼"（FEMEN）的激进分子也来打这 9 口闪闪发亮铜钟的主意。2 月 12 日下午，8 个身穿黑色长外套的年轻女士趁众人不注意，悄无声息地溜进教堂，慢慢靠近那些陈列的钟，然后，突然闯入隔离线以内，猛地脱去外套，只穿着黑色短裤进行裸体抗议。她们一边用木棍敲打钟，一边大喊："不需要教皇！"（Pope, no more !）教堂安保人员赶紧用衣服裹住这些人，并把她们带了出去。一位年轻女士在混乱中磕掉了一颗牙。事后，在法庭中，她们承认，此番行为是为了庆祝罗马教皇本笃十六世（Benedict XVI）近日出人意料的退位事件。

*

1月31日拂晓，这些铜钟被整齐巧妙地固定在一辆无篷双层大货车上，离开了诺曼底维勒迪约·莱·波埃勒市（Villedieu-les-Poêles）的铸造厂，由"非凡车队"（convoi exceptionnel）的这辆特种运输车送往西岱岛。它们经过几小时高速公路的旅程，最后抵达巴黎。沿途的法国司机纷纷鸣笛，向这些珍贵的器物致意。从巴黎主要的一个西大门，马约门（Porte Maillot）开始，巴黎圣母院总司铎帕特里克·萧维坐在一辆敞篷双层公交车上和一支警用摩托车队一起护卫这些钟前往大教堂。它们从香榭丽舍大街一路东来，经卢浮宫，到达圣母院，一路上都有围观群众在夹道欢呼。

钟乐爱好者、铸钟专家和音乐家对这一时刻盼望已久。也难怪他们如此急切，自1769年这座大教堂就再也没有众钟齐鸣，一起奏响和谐悦耳的乐声。更糟糕的是，自1856年，教堂的4口钟又被其他音质欠佳的钟所替代，每当它们响起，刺痛了多少具有敏锐乐感的耳朵。不过，巴黎很少有人知道这个事情或者注意到这一点，毕竟他们谁也没有听过1769年圣母院那完美悦耳的钟声。他们只是习惯了这不和谐的乐声，就像听惯了老友的破锣嗓。

圣母院铜钟在法国大革命中受到无情对待，本来有 20 口钟，分别悬挂于南北钟楼和尖塔中。这三个地点正好构成一个等腰三角形，钟悬挂的位置高低不同，重量和响亮度也有区别，故而，当众钟一起敲响，顿时构成一个和谐的乐章，令听者印象深刻、大为震动。但是，到 1792 年，再也听不到圣母院铜钟悦动的音符了。16 口钟被卸下并熔化，制成了年轻共和国的大炮、子弹和硬币。只有埃曼纽尔和北钟楼其他三口小钟幸存下来。中央尖塔的几口小钟最后也被取下，因为尖塔已岌岌可危，随时可能倒塌。1844 年至 1865 年维奥莱 - 勒 - 杜克主持的修复工程，为圣母院贡献了尖塔、令人着迷的滴水嘴兽、国王雕像，以及其他很多精心设计的新哥特装饰构件，但奇怪的是，铜钟并没有恢复大革命前的光辉。这一耽搁，就是 160 年。

2013 年，正值大教堂面世 850 周年，圣母院决定为自己置办一份礼物，这一次，它不打算向政府要一分钱。全部来自私人捐赠的 200 万欧元，将用于向欧洲最著名的铸钟厂定制 9 口铜钟。维勒迪约·勒·波埃勒市的柯尔尼耶·哈佛铸造厂（Cornille-Havard）负责 8 口钟，而荷兰的尼德兰里斯布特皇家铸造厂（Rijsbouts）受委任制作 6 吨重的低音钟"玛丽"。

在维勒迪约·勒·波埃勒市，斯蒂芬·莫顿（Stéphane Mouton），这位现今法国仅剩不多的铸钟匠负责监造这些钟。

首先制作其中三口钟，在用近 9 小时熔解了 8.5 吨青铜合金（80% 铜，20% 锡）之后，举行了铸模的祈福仪式，随后才正式开始铸造。教士们离开铸钟厂后，斯蒂芬·莫顿和手下 12 名工人戴上厚手套和长护面罩的头盔，穿上防护服。一切就绪，只等斯蒂芬一声令下。斯蒂芬打开铸造火炉的小门，大喊一声："开始工作！"几分钟内，熔化的金属要注入铸模内。整个过程必须精准且迅速，渗出的气体须快速点燃，以防爆炸。液体金属一旦稳定和停止流动，铸模立即密封。每一个步骤都极其危险，令人紧张万分。

"丹尼尔，后退。注意你的脚，快后退！"斯蒂芬冲穿过房间的同事喊道，提醒他小心熔化的金属。当宣布操作完成时，大家都开始鼓掌。"多么非同寻常！"斯蒂芬激动而哽咽地说，"为什么？因为每一口钟都那么与众不同，因为它们是神奇和神圣的，因为它们是为圣母院而铸造。想象一下，我在这里，在铸钟厂制造它们时都感到这么震撼，那些第一次在巴黎听到它们敲响的人们该是多么激动呀！"

雕刻家薇吉妮·芭士蒂（Virginie Bassetti）构想了装饰图案，并用粉笔在黏土铸模的顶部和腰部画好了草图。薇吉妮在它们腰部设计了一圈跳动的火焰，象征信仰与热情熊熊燃烧。顶部刻有圣奥古斯丁的名言"我是找寻旅人的那条路"（Via viatores quaerit），发人深省。每口钟的名字下方都雕刻着十字架和圣母圣婴像。

它们的名字都是精心挑选的。天使长加百列向玛利亚报喜，告之受圣灵感孕生耶稣；安娜·圣日内维埃芙分别是玛利亚的母亲和巴黎的庇护圣徒；德尼是 3 世纪首任巴黎主教；马塞尔是 4 世纪第九任巴黎主教；艾蒂安为基督教首位殉道者，圣母院原址曾建有献于他的教堂；本笃·约瑟夫是致敬主动退位的教皇本笃十六世约瑟夫·拉辛格（Joseph Ratzinger），苏利是构想和资助圣母院建造的巴黎主教莫里斯·德·苏利；让－马利是深受市民爱戴的巴黎大主教拉斯提格（Jean-Marie Lustiger，1981—2005 年在任）。这 8 口钟总计 16.6 吨重。玛丽是沿用圣母院 1378 年铸成的第一口低音钟的名字。南钟楼的埃曼纽尔由路易十四亲自命名，和玛丽都为低音钟。

去掉铸造模具，抛光打磨后，它们现出真身，登时光彩照人，镀银外表闪闪发亮。随后会仔细研究它们的音阶，它们每一个的音色都独一无二，音阶也各有不同。铸钟厂的保罗·博伽马（Paul Bergamo）把这些记录在案，以飨后人：玛丽与苏利是 #G 调，加百列与让－马利是 #A 调，安娜·日内维埃芙是 B 调，德尼是 #C 调，马塞尔为 #D 调，本笃·约瑟夫和斯蒂芬为 #F 调——当然，还有年岁最长、同为 F 调的埃曼纽尔，对它们的到来早已翘首以盼。

埃曼纽尔轻易不发声，只在重要时刻才鸣响，比如圣诞子夜、国家重大事件发生时。而其他 9 口钟为日常所用，不仅作为报时钟，还会在每天 5 次（周日 7 次）的宗教仪式中响起。

*

2013 年的圣枝主日，下午 5 点 30 分，圣母院前院已经人山人海，欲亲耳谛听新铸大钟的美妙乐声。许多巴黎市民携家带口赶来，游客亦云集于此。左岸的巴黎人热切地讨论着哪里才是聆听钟声的最佳地点。有的人甚至扬起手掌来感受风向以确定方位。在蒙特贝洛码头对面，穷人圣朱利安教堂（Saint-Julien-le-Pauvre）旁边的小花园里人群爆满。附近好几座桥上，很快也挤满了看热闹的巴黎人，他们往街道上蜂拥而去。前院广场安装着几块大屏幕，现场转播着钟楼内的情况，清楚地展示着这些新铸大钟的特写镜头。

　　激动人心的时刻终于到来，下午 6 点 6 分，在圣母院总司铎帕特里克·萧维简短讲话后，北钟楼一对新钟的钟轭开始轻轻移动，钟体晃动，钟锤摇摆，击打着钟身，起初很轻缓，慢慢地力量越来越大，好似饱含感情。随后，大屏幕上出现了其他几对钟，它们也加入其中，敲出和音，复原了圣母院报时钟一起鸣响时的音色风貌。众人沉浸其中，如痴如醉，等回过神来，现场登时爆发热烈的欢呼鼓掌声。巴黎人上次聆听到如此和谐完美的钟声，还是在大革命之前。

　　街头的巴黎人凝望着圣母院，随后彼此对视，露出会心的微笑。新钟悠扬悦耳的音乐引发在场众人的百种思绪，有敬畏地"啊"声一片，有人激动地"哦"声连连。而乐感敏锐的音乐家可以辨识出它们不同的音色音阶。一位母亲告诉她的孩子："现在是加百列在响！"人群中很多人泪眼汪汪，抑制不住自己的兴奋与激动，斯蒂芬·莫顿也在其中。

钟声萦绕不绝，使听者感受到发自肺腑的愉悦和感动，既令人欢欣，又引人遐思，仿佛回到无忧的童年，又好似勾连现在与过去的音乐彩虹，兼具乐观的色彩与怀旧的乡愁。维克多·雨果在《巴黎圣母院》中是这样描写钟的："动辄钟声齐鸣，有从初课延至终课的长鸣钟，有大弥撒的大鸣钟，还有婚礼或洗礼的小鸣钟，各种音丝声线在空中交织而成色彩斑斓的绣锦。这座古老的教堂，整个儿颤动，整个儿鸣响，始终洋溢着钟声的常乐，令人时时感到，这里有个喧闹而任性的精灵，通过这一张张大铜口歌唱。"

雨果描写了敲钟人卡西莫多听到钟声时兴高采烈的样子。他虽是个聋子，却以钟楼为家，与钟为伴。

> 他一旦把它们推动，一旦感到这串钟在他手中摇晃起来，看见（因为他听不见）八度音活跃了，顺着音阶忽上忽下，犹如一只小鸟在枝丫间跳跃，而音乐之魔一旦摇起金光闪闪的串铃，发出颤音和琶音，迷住这可怜的聋子，他就重又快活起来，忘掉一切，重又心花怒放，笑逐颜开了。

法国中世纪史大家乔治·杜比指出，正是这种和谐激发了法国 12—13 世纪的艺术，即"成为表达内心喜悦的一种方式的哥特艺术"。他的观点或许可以解释卡西莫多心花怒放的来由。

同理，每当我们听到圣母院钟声时，也会笑逐颜开。毕竟，哥特梦想是一种交响乐式的："光的相互关联性主要来自宗教仪式的基本统一性；所有司祭各司其职，协调一致，因而仪容姿态像乐声一样完美和谐，所有声音汇集起来犹如一个声音在歌唱。"

当然，圣母院的钟声还有更重要的意义。它们与法国850年的历史同呼吸，共命运，它是我们国家的伤心往事和胜利喜悦的回音。正如法国历史学家、抵抗运动的战士安德烈·尚松（André Chamson）所言：

> 我们的荣光，我们的灾难，我们的胜利，我们的失败。命运的回音久久回荡在教堂的穹顶下。死亡时，丧钟响起；愤怒时，警钟长鸣；喜悦时，低音大钟激荡人心。不论无神论者或者虔诚信众，都铭记着这种记忆，这是我们法国人集体的民族记忆。

2015年1月8日正午时分，冒着冰冷的雨，几千名巴黎人聚集在圣母院前院，只为聆听纪念《查理周刊》恐怖袭击中死难者而敲响的钟声，以表达他们的哀思痛悼之情。很多人手里拿着铅笔，以此向被穆斯林激进分子杀害的漫画家致敬。这一肃穆庄重和引人瞩目的纪念仪式的特别之处在于，一座天主教堂在为这些坚定的无神论者的去世而表示哀悼，而他们大多数人持有激烈的反教权主义立场。这本讽刺期刊总是尖锐地反对宗教信仰，对天主教尤持批判态度，但是宽宏大量的圣母院似乎从未因此而怨恨。10 个月后，"我们的女士"再次为 2015 年 11 月 13 日恐怖袭击中的 130 名受害者奏鸣了铜钟，无论他们是否信仰上帝。

*

铜钟和大管风琴在大教堂的生命与历史中发挥着重要的作用。1789 年，一位管风琴师几乎只身一人拯救了圣母院，他机智多变、审时度势，当即选择演奏《马赛曲》与其他革命歌曲和音乐，使圣母院免遭进一步毁坏。

自 13 世纪开始，巴黎圣母院就拥有了一个唱诗班，并一直举办着唱诗班学校，现在他们依然有 165 名歌手、35 名音乐教师和 4 名管风琴师。2019 年 4 月火灾之后，这个"非物质文化遗产"好像被人遗忘了一样。在当下的重建时期，圣母院的钟暗自神伤，沉默不语，而唱诗班则为了生存而背井离乡，在世界各地演出。幸运的是，它朋友遍天下。

瑞典驻法国大使维洛妮卡·婉达 - 丹妮尔森女士（Veronika Wand-Danielsson）就一直关注着唱诗班。她在大火当夜正在开罗（Cairo）参加一场生日派对。"我们一下子懵了，太意外了。生日晚宴自然马上结束了。我们都难以置信地看着电视上的新闻画面。我们很多人是看惯大场面、冷静老练的外交官，此时也都不由自主流下了眼泪。"她几个月之后回忆道，"开罗街头的人们似乎也深受触动。他们感同身受，把圣母院尖塔看作是一座欧洲的金字塔，仿佛胡夫金字塔将要倒塌和消失不见一样。"

地处巴黎的瑞典驻法国大使馆与圣母院有着特殊的友谊。12 月 13 日，在瑞典守护者圣露西亚（Saint Lucy）纪念日的盛典仪式上，斯德哥尔摩的皇家唱诗班与圣母院唱诗班合作举办了一场演唱会，共唱颂歌，成为一时美谈。"我们立意要把这个传统保持下去，还会在巴黎其他著名教堂里举办合作演唱会，比如圣叙尔皮斯教堂（Saint-Sulpice），接下来会去瑞典的奥古斯特·斯特林堡广场（August Strindberg Square）。"

不过在维洛妮卡·婉达 - 丹妮尔森看来，为好朋友仅做这些事情未免不够仗义。她要为巴黎圣母院做一些更有意义且更有益处的事情。圣母院唱诗班和唱诗班学校在大火中失去了所有：乐器、乐谱、白麻布圣职衣——更重要的是唱诗堂，以前他们每年在那里能举行 55 场音乐会，参与 1000 多场宗教仪式。瑞典首相斯特凡·勒文（Stefan Löfven）和维洛妮卡大使急人所急，积极联系瑞典的大公司，比如宜家集团（Ikea）、伊莱克斯公司（Electrolux）和萨博集团（Saab）等，为圣母院唱诗班募集100 万瑞典克朗。维洛妮卡大使笑着说："我目睹了这笔钱的转账过程。"

巴黎圣母院的建筑和音乐使自身成为一个"整体艺术品"（Gesamtkunstwerk），这或许就是她能够赋予很多艺术家和思想家灵感的原因所在。从克劳德·莫奈（Claude Monet）到奥古斯特·罗丹，从维克多·雨果到马塞尔·普鲁斯特，甚至西格蒙德·弗洛伊德也从大教堂受到过启发，他们的作品体现了这一点。

第十一章

2019 年，重建圣母院的战争

我们将把她重建的比之前更加壮美。

——艾曼纽尔·马克龙

让－克劳德·加莱将军在凌晨 2 点再次巡察教堂时，看到祭坛上落满灰尘的经文选。书页上"希望"这个词跃入加莱将军的眼帘，正是"希望"赋予他和几百名消防员以勇气和决心，为了保全巴黎圣母院将生死置之度外。加莱将军出生和成长于法国西部海滨被称为"唯利是图者的土地"的旺代省，他并不是一位宗教信徒。在无神论者看来，所谓的奇迹实际上只是巧合而已。

一整夜，加莱将军和他的士兵没有停歇，不断巡视灾情，控制火势。数以千计的巴黎市民和游客难以入眠，他们潮水般涌向巴黎圣母院附近，为她守夜，替她祈祷，观察她的伤势。天刚破晓，手持望远镜的市民辨认出了南面玫瑰花窗的颜色和动物图像，他们查看了一遍又一遍，内心既震惊，又感到释然，因为它依然光彩夺人。彩绘玻璃片之间的很多铅条熔化了，而玫瑰花窗却在烈焰中幸免于难，这绝对是一个奇迹。

新的一天到来，既有悲伤，又充满惊奇。很快，人们就发现生活在大教堂圣器室屋顶上的蜜蜂又开始在蜂巢进进出出了。

养蜂人、33 岁的生物学博士席比尔·穆兰（Sybile Moulin）几乎不敢相信这个事实，她 10 天前刚照看过它们。穆兰知道，蜜蜂是一种十分灵活、协调恢复能力强的生物。然而，在这么严重的火灾和水流的双重夹击下，它们能够幸存下来，真是莫大的运气——或者可以说，犹如神助。从航拍照片中看到毁坏后的屋顶附近有三个小圆点后，穆兰欣喜万分，她认出这是三个蜂箱，它们还在原地没有烧毁。一位圣器室管理人发给她一个短视频，显示勤劳的蜜蜂正嗡嗡地忙着工作，穆兰终于完全放下心来。"它们具备保护自身的生存机能：当感受到烟雾时，它们会拼命吃下蜂蜜，并且环绕在蜂后身边保护她。"

席比尔·穆兰和上司尼古拉斯·吉安（Nicolas Géant）2013 年4 月安置的这些蜂箱，这属于让蜜蜂重回大都市中心地带，恢复法国城市生物多样性运动的一部分。现如今，巴黎各处有 700 多个蜂箱，很多建筑物和历史古迹的楼顶上都设置有蜂箱，比如巴黎歌剧院、奥赛博物馆和大皇宫。事实上，法国城市比很多乡村地区更适宜于蜜蜂的生存，因为城市虽拥有更多的汽车，但使用农药和杀虫剂也少，它们才是蜜蜂真正的杀手。巴黎圣母院屋顶的 20 万只蜜蜂属于养蜂专家亚当修士所培育的一个品种，它们性情温和，一般每年可以生产 25 公斤蜂蜜。有工作人员在大教堂专门售卖这种蜂蜜。

位于西面中央大门门内上方 16 米高，被称为"燕子窝"（swallows' nest）的大管风琴能否幸免于难呢？圣母院的三位驻院管风琴师之一，奥利弗·拉特利（Olivier Latry）当时认为，它们幸存的可能性极小。那天，他恰好接到邀请，参加维也纳一场音乐会。他刚把行李放在酒店房间，就收到一条短信息，接着是一张图片——圣母院的屋顶烈火冲天。他在电视机前守了一夜，内心无比煎急而又无奈。几周前，奥利弗·拉特利刚在圣母院灌录了一张管风琴音乐唱片《从巴赫到未来》（*Bach to the Future*），封面是他躺在水平线上，看上去就像飘浮在空中一样。这是大火前在巴黎圣母院录制的最后一张专辑，拉特利演奏的乐曲充满生机，气势宏伟，意欲向路德宗巴洛克音乐致敬。

在维也纳，拉特利不由想起了这架音色恢宏、音域宽广、具有神奇魔力的管风琴的历史，以及自己与它的缘分。现在这架大管风琴可以追溯到 1868 年，其中一些音管已经有几百年的历史。奥利弗·拉特利用了 5 年时间才能驾轻就熟地演奏它，以至于他时常觉得，必须要用一辈子才能琢磨透"它非凡的个性"。这架大管风琴在 2013 年又进行了改造翻新，安装了新演奏台，更换了 21 个音栓（每个音栓与一组音管相匹配），并人工清洗了 7374 个音管。随着时代的进步，圣母院大管风琴也在不停地更新和发展，它就像一个生命一样在成长。几个世纪以来，每个时代最著名的管风琴制造家都在它身上投入了心力和才智，不断地使它适应现代需要，加入时代顶尖的技术，将其打造成一个让人惊叹的音乐综合体。

奥利弗·拉特利的思绪不由自主地跳回到 36 小时前，彼时正值圣枝主日，他端坐在中殿内高高的演奏室里，手指在 5 排 56 个琴键的手键盘上弹奏，双脚在 1 排 32 个琴键的脚键盘上跳动。"能够演奏它，感觉非常棒。尤其是在列队穿堂仪式中，手举十字架的那位教士叩打着教堂大门，请求进入门内的时候。"拉特利会逐渐奏响管风琴的最大音量，气势磅礴的乐曲声便响彻这座哥特圣殿的四壁间。"听起来就好像耶稣基督正在迈入大教堂。"

幸运再次降临，大火次日，大管风琴宣告安然无恙，和玫瑰花窗和蜜蜂一样，它存活了下来。因为有轻微坡度的石质屋顶保护，加上消防员在救火时控制水柱尽可能地避开大管风琴，所以，这个乐器巨无霸的几千个音管上只是落满了厚厚的灰尘，需要再次清洗。

*

菲利普·维伦纽夫也牵挂着大管风琴。当他搭上拉罗歇尔到巴黎高速列车的末班车，最后达到教堂前院时已经晚上 11 点，得知教堂主体结构得以保存时，维伦纽夫对大管风琴的命运更加担忧。作为文物建筑委员会的主任建筑师，维伦纽夫对这座建筑物的每一个角落、裂隙、秘密通道和暗门了如指掌。他现在还留着 6 岁时买的两张巴黎圣母院明信片。在他的青少年时代，当姐姐听着英国摇滚乐队平克·弗洛伊德（Pink Floyd）的歌曲时，维伦纽夫会把自己锁在房间，一个人播放和欣赏圣母院原驻院管风琴师皮埃尔·葛修候的唱片。"那一夜，我心已死。"他坦率地说，并解释道，"圣母院是我生命的组成部分。"从2013年开始负责圣母院维护和修缮起，他的命运就与大教堂融为一体，教堂的重建过程也是他身心的康复疗程。

几年前，维伦纽夫就大教堂不断衰颓的景状，提请法国文化部予以关注。经过长时间的检查和监测，他意识到圣母院所受的苦难，不仅来自建筑物自身的衰败，而且越来越多地承受着城市污染、天气变化和酸雨的侵蚀。他观察到，一些飞扶壁变得脆弱易碎，石块受到磨损腐蚀，彩绘玻璃的嵌板逐渐松动，石头和雕塑出现裂隙。他拟定了一份修复清单，准备临时用塑料水管替代破损的怪兽状滴水嘴，以厚木板来支撑损坏的石制栏杆，用金属等构件来加固几个小尖塔的底部。此外，教堂部分区域所用的石灰岩甚至一触即溃。据维伦纽夫估计，修缮大教堂至少需要1亿欧元的费用。自1905年《政教分离法》颁布以来，圣母院就成为国家财产。作为她的所有者，法国政府同意拨款6000万欧元，而法国天主教会，按照它自身的说法，只是圣母院的使用者，因此对修复费用佯装不知、避而不谈。

在一个传统上民众生活的方方面面都仰赖政府的国家，私人慈善事业这一概念似乎相当陌生。尽管如此，一些有识之士还是尝试着在国内外募集资金，以期为圣母院修复工作添砖加瓦。

"圣母院之友"基金会（The Friends of Notre-Dame）由此创建，并接受私人捐赠，特别是来自美国的善款。经过 12 个月的积极活动，基金会最后共筹集 200 万欧元，为维伦纽夫的 10 年修复计划提供帮助。虽然加上政府拨款，资金总额也远远没有达到 1 亿欧元，不过当务之急是行动起来。2018 年夏天，几座小尖塔基座处开始用金属构件进行加固，而中央尖塔无疑是修复工程的重中之重。庆幸的是，就在火灾发生的 4 天前，即 4 月 11 日，尖塔上 12 位使徒和 4 位福音传道者的铜像被用起重机取下，用卡车运送到多尔多涅省（Dordogne）首府佩里格（Périgueux）的苏格拉公司（Socra）进行修复。这些雕像每尊高 3.4 米，重 150 公斤，其中的圣托马斯（Saint Thomas，据说是建筑师行业的庇护圣人）雕像非常独特，是以维奥莱 - 勒 - 杜克的容貌为原型雕凿。圣托马斯是它们中唯一没有向下俯瞰巴黎的雕像，他手拿长长的量尺，望向塔尖，好似警惕地守护着尖塔。

火灾改变了一切。具有讽刺意味的是，之前千方百计筹集修缮资金的窘境一下子迎刃而解，各种捐赠善款纷至沓来。圣母院的惨状促使民众行动起来，对她的爱转化成了一笔笔资金。大家自责和内疚，为何平时没有多一些关注和支持，而保障她的幸福安宁理所当然是我们的集体责任。大火当夜，法国最富有的家族和其他国民一样，为巴黎圣母院炼狱般的惨象而悲伤难过，深受触动，并做出了慷慨大方的善举。现年 82 岁的弗朗索瓦·皮诺（Francois Pinault）出身于布列塔尼一个谦逊的木材商人家庭，后来成为世界级奢侈品巨头开云集团（Kering）的创始人，他在火灾后不久打电话给儿子弗朗索瓦·亨利（Francois-Henri）商量捐赠事宜。亨利如今是家族企业开云集团董事会主席兼首席执行官，两人商定从家族基金中捐款 1 亿欧元，用于圣母院重建，并放弃因此项捐赠而带来的税收优惠措施，以表达捐助诚意。

10 天前，弗朗索瓦·皮诺来到英国海外属地根西岛（Guernsay），参加雨果流亡此地（1855—1870）的住处"高城居"[1] 的重新开放仪式。"高城居"修复资金全部来自皮诺的私人捐赠，它的大门由酷爱室内设计的维克多·雨果亲自构想，以橡木和黄铜再现了第一版《巴黎圣母院》的装帧封面图，大门拱楣由一根科林斯式柱子支撑着，在 1858 年 3 月由雨果监督当地工匠进行建造。"高城居"从地板到天花板均由雨果自己设计，反映了他心目中的哥特大教堂，昏暗的门厅与明亮的内室形成强烈的光线对照。"高城居"的布局和装饰就像雨果作品中的语句和哲理，漫步其中，犹如进入雨果的思想，聆听他的话语。他的房间和著作一样，激进的共和主义箴言与炽热的天主教信仰交织在一起。厨房里一尊圣母圣婴雕像变成了一个自由的寓

---

1. Hauteville，因其位于根西岛首府圣彼得港高城街，一般译为"高城居"。
——译者注

言，雨果的话语雕饰在周围：

> 人民现在是卑小的，不过将会变得伟大，
>
> 我仁慈和善的母亲，在您恩宠的臂膀里，
>
> 神圣而珍贵的自由，跟随您征服的脚步，
>
> 如您怀抱着的孩子，将拥有这整个世界。

参观完雨果的书斋，感受到雨果话语的力量之后，弗朗索瓦·皮诺肯定对圣母院身陷火海的画面更为伤悼和震动。他依然记得，小说《巴黎圣母院》的成功把她从衰败遗弃的境地拯救出来。无论是穷人富人，法国还是全世界，弗朗索瓦·皮诺成为奉献给圣母院天文数字捐赠的开路者和先行者。

紧随皮诺其后的是他的竞争者，奢侈品帝国路威酩轩集团（LVMH）的创始人、法国首富伯纳德·阿尔诺（Bernard Arnault）。阿尔诺承诺捐资 2 亿欧元用于重建，是皮诺家族捐款数额的两倍。很快，欧莱雅集团（L'Oréal）的拥有者贝当古家族捐款 2 亿欧元，石油化工集团道达尔（Total）捐款 1 亿欧元。法国其他大公司和亿万富豪也纷纷奉献力量，德高集团（Decaux）承诺捐款 2000 万欧元，布依格家族（Bouygues）承诺捐款 1000 万欧元，德雷德·德·拉夏里埃尔家族（Ladreit de Lacharrière）承诺捐款 1000 万欧元，美国的迪士尼公司（Disneys）将捐赠 500 万美元，克拉维斯夫妇（Kravises）捐款 1000 万美元。虽然

与 1 亿和 2 亿欧元相比，他们的捐赠稍微逊色，但事实上，他们都非常慷慨，量力而行，捐赠了与自身财富相匹配的数额。所有这些捐赠都将注入 4 个基金会：法国基金会（Fondation de France），法国文物遗产基金会（Fondation du Patrimoine），国家古迹中心（Centre des Monuments Nationaux），圣母院基金会（Fondation Notre-Dame）。

小额捐款同样令人感动。匈牙利赛格德（Szeged）市政当局举行投票，赞同向圣母院捐款 1 万欧元，因为它没有忘记，在 1879 年 3 月，一场百年罕见的洪水几乎将赛格德夷为平地，而巴黎为当时重建工作提供了资助。投我以桃报之以李，150 年后，赛格德感恩图报。科特迪瓦（Ivory Coast）的一个小部落王国，桑维王国（Sanwi）的国王声称要帮助大教堂，因为他的先祖安尼巴王子（Prince Aniaba）是路易十四的教子，曾于 1702 年在圣母院接受洗礼。

团结无处不在，其他文物建筑也向巴黎圣母院伸出援手。大火次日，伦敦有一场慈善拍卖，这本是凡尔赛宫为了自身修缮募集资金，拍卖稀有的波尔多木桶酒庄葡萄酒（Chateau Mouton-Rothschild），然而，负责人当晚即决定将拍卖收入全部捐赠给圣母院作为重建资金。100 万欧元，将凡尔赛和圣母院用爱连接起来。

巴黎总教区的主教代理伯努瓦·德·辛讷提蒙席阅读了寄给圣母院成千上万封信的第一封信件。他说："这笔捐款金额虽小，却最让我感动。"这是法国一位女士寄来的一封简短书信，里面夹着一张 10 欧元的纸币："我家中虽不太富裕，但也要为巴黎圣母院尽一份力。4 月 15 日是我的生日，我一整天都在为她哭泣和伤心。"世界各地很多小朋友来信称，他们坚决要求父母把给自己买生日礼物的钱捐给圣母院。火灾以来两个月内，小额捐款总计 8000 万欧元，它们立即就能投入重建工作中，可是大额捐赠却迟迟没有到账，因为要等捐资人和政府达成一系列协议等烦琐冗长的程序后，资金才能转入基金会账户。

私人捐赠者和著名亿万富豪捐出天文数字的善款，在法国引起少数人的非议。4 月 16 日，大约早上 8 点，圣母院余烬未熄，伊莎贝拉家面包店，一位有着清澈眼神、亲切笑脸的年轻烘焙师一改平时的温文尔雅，勃然大怒，口出不逊："能给一座大教堂几亿资金，但是对需要帮助的人却一毛不拔？"有这种想法的法国人为数不少。

法国天主教会感受到了这股怒火和不满情绪，并立即做出了回应。"富人的慈善行为需要引导。应该鼓励他们既要向圣母院捐资，也要给需要帮助的人捐赠。不过，以我的经验来看，一旦开始了慈善捐赠，就会将这种事业继续下去，乐意帮助有求于他们的人。"伯努瓦·德·辛讷提这样回应道。他对私人捐赠的重要性深有体会。他在左岸标志性的天主教堂圣日耳曼德佩（Saint-Germain-des-Prés）担任教士 11 年，该教堂不久前刚完成修缮，重现了它久违的光彩，其重建资金部分来自美国慈善家的私人捐助。他在2017年发起的一个倡议后来非常受欢迎：修缮该教堂唱诗堂，把拱顶刷成蓝色，衬以金色的星辰，宛若夜空，5000颗星星，捐款人可以自己选择一颗星星。德·辛讷提希望向圣母院的巨额捐赠能够及时有助于其他的慈善事业和教堂修缮，不论是帮助人还是维护古老建筑。

但是，少数人对有钱人和有权者为"一座衰败的老教堂"如此巨额的慷慨捐资愤愤不平，而且这种怨怒很难短时间平息。在法国，平等主义就像一种宗教信仰，财富集魅力和诅咒于一身。黄背心运动即是诅咒财富的清晰表达。他们对数百万特权者占据着社会大部分财富现象的批判经久不衰，希望自身能够受惠于已经公之于众的这些捐赠资金。倘若说黄背心运动未采取理性方法表达自己的诉求而造成骚乱和破坏的话，那么其他相关人士的看法应该相对客观，比如来自耶稣会教士兼经济学家盖尔·吉劳德（Gaël Giraud）的。在盖尔·吉劳德看来，天文数字的捐款恰恰说明，对富人课以重税是正确和应该的，这样国家就可以通过税收来重新分配社会财富，以此帮助大多数需要救助的国民。他还强烈建议，教会应把部分捐款用在移民和生活在法国贫困线以下的300万儿童身上。他援引《路加福音》22：25，耶稣在最后的晚餐时告诉门徒，富人时常用他们的慈善行为来对其他人行使权力："他告诉他们，外邦人有君王宰制他们，那有权管治他们的，称为恩主。"

有人提出富豪们一掷千金、捐出巨资，实际上是为了减税而不是简单为了圣母院。皮诺家族、阿尔诺家族和贝当古家族太了解自己的国人同胞了，因此，当这些质疑出现后，他们都承诺放弃因圣母院的捐款而获得的一切税收优惠，以此向国人表明捐款的真心实意。

盖尔·吉劳德进一步研究分析，提出了自己的观点，即围绕圣母院大火的种种事端，揭示了法国和西方社会中深刻的不满情绪。"虽然现在是科技革新日新月异的社会，但它实际上非常脆弱。我们能够到达月球，却不能保护圣母院850年的屋顶免遭火灾。"直到上个世纪为止，都没有人敢把电力引入这座大教堂，而现在我们为她安装了电力系统，但是我们却承担不起后果。"至于政治，已失去公信力。"他说，"因为我们曾经相信金融市场是万能的，我们曾让金融市场统治我们的世界。"问题本身在于"大金融被证明是非理性和无效率的，并不能为我们的生活带来任何意义。当圣母院身陷火海时，我们的社会结构也在断裂坍塌"。

在欧洲，教会曾发挥着至关重要的作用，它帮助创造了国家，创办医院和学校，编写了第一部教会法典，它还建立了欧洲第一个管理机构。在很多方面，圣母院集中体现了我们民族的发展历程。人们面对她熊熊燃烧时的情感，好似一面镜子，映射出我们面对社会纽带和文化结构的根基分崩离析时的困惑。只要圣母院这样的象征物存在，我们便可以抓住一丝希望，即我们尚未完全摒弃和它的关联，社会并未完全向金融化屈服。

吉劳德得出结论："我们应该警惕，圣母院这类建筑的消失将导致极为严重的社会失序。"

*

4月16日破晓时分，建筑与遗产总监玛丽－海伦·迪迪埃、文物建筑委员会的主任建筑师们和许多火灾前几周内一直在圣母院施工的建筑技术人员——石雕匠、架子工、屋顶工、木匠、绳索作业人员、高空攀爬作业人员——都返回大教堂，协助维伦纽夫进行圣母院灾后保护工作，他们没有受到公开论战的丝毫影响。皮埃尔·诺埃尔公司（Pierre Noël company）的负责人迪迪尔·杜让德（Didier Durand）也及时返回了圣母院，他技艺精深，在石匠行业中颇有名气，其祖父就是意大利一位技术娴熟的石匠。杜让德率领47名石匠、切削工和石雕匠组成的施工团队，此前一直在圣母院工作。法国文化部打来电话，告知他们将要签署一份新施工合同，而工程期限、工程总量、工程款项并没有详细约定。

时间紧迫，两大要务亟待解决：评估当下必须维修的地方和费用，加固圣母院以保持结构稳定。

在消防员的陪同下，玛丽－海伦·迪迪埃进入教堂小礼拜堂检查13幅《五月》系列巨幅画作的情况。大火当晚，虽然大批珍贵文物被安全转移，可是仍有1000多件艺术品留在了教堂内，比如精美绝伦的地毯（制作于16世纪）和被称为"巴黎圣母"（Notre-Dame de Paris）的一尊圣母圣婴雕像，其中很多都具有极高的艺术价值和历史意义。玛丽－海伦·迪迪埃获知，"巴黎圣母"像仍立于耳堂西南侧一根墩柱旁边，但是具体状况尚不清楚，那里由于危险已经被划为禁区。

这尊"巴黎圣母"像制作于14世纪中期，1818年作为礼物被赠送给圣母院，随后置放在圣母祭坛中。她是大教堂内37尊圣母像中最知名的一个，仪态优雅，微笑中带着忧郁，又透着些微的神秘，怀里的小耶稣摆弄着她的衣褶。"恰到好处的美，又那么奇特，欢欣的笑容绽放在如此忧郁的嘴唇上！"擅长描写和剖析颓废主义和悲观主义的法国作家若里斯·卡尔·于斯曼（Joris-Karl Huysmans）在小说《大教堂》（La Cathédrale）中写道，"从一个方向看，她对着耶稣微笑，好像在逗弄他一样……从另一个方向看，微笑消失了。她嘴唇噘起，仿佛预示着眼泪。或许，雕刻家是想以'我们的女士'的安详与忧虑这两种截然相对的情感，来表达基督诞生所带来的欢欣和十字架上将遭受的痛苦。"

玛丽－海伦·迪迪埃感到万分惊奇和无比欣慰，每件艺术品、每幅画作、每尊雕像都完好无损，只是稍微蒙尘，甚至都没有被烟灰熏黑。耳堂两臂交汇处的中央尖塔倒塌后，反倒形成了一个烟囱效应，而燃烧产生的大部分有毒粉尘和热空气经过这个通道迅速向上蔓延，跑了出去。虽然大部分屋顶荡然无存，但是没有烧毁的拱顶继续发挥作用，防止了教堂进一步垮塌，而圣母院最初的建造者精密设计的拱顶就是为了避免教堂因火灾受到更大的破坏。维伦纽夫证实了这一点："拱门、肋拱和穹顶都很好地发挥了它们各自的作用。"

然而，墙面和石块都被水浸湿，所有画作必须尽快取下，而且没有人知道随着水分慢慢蒸发，这座大型建筑物将会发生什么变化。两周之内，玛丽-海伦·迪迪埃几乎不曾合眼，她不去查看日常接收到的铺天盖地的信息，也尽量避开媒体的采访，偶尔破例，看到的也无非是一些巨额捐赠的种种不实的传闻、毫无意义的公开论战，还有众多可笑的新尖塔设计方案，不过她根本无暇在意。在工人借助牵引滑轮和有轮脚手架等工具把200公斤重的小天使雕像（Vierge à l'enfant）转移到安全区域之后，玛丽-海伦才稍事休息。

*

新尖塔的设计方案极尽奇思怪想，甚至怪诞，引发了社交媒体上海量的话题和报纸连篇累牍的报道，不过菲利普·维伦纽夫同样没有时间来关注这些。为了精确地评估教堂的受损状况，他极尽所能，在某些部位不惜上跳下蹲，攀爬腾挪，把大教堂从上到下，从左至右，里里外外，犄角旮旯检查个遍。他严禁所有工人进入中殿内部，因为穹顶的平衡性和稳定性难以预测，现在还极其危险，它们有可能随时坍塌。他必须细致、认真和专业，因为如果不能准确迅速地评估火灾造成的各种破坏，有可能引发难以估量的灾难性后果。换言之，"这是一场战争"，将一直持续到圣母院被认为已经彻底稳固和恢复到完整统一的状态。

维伦纽夫急需一张 127 米长和 48 米宽的防水帆布来覆盖住屋顶。天气预报显示，三天后巴黎将迎来降雨。绳索作业人员已经就位，防水帆布也找到。好多位作业人员辛苦工作，终于完成了用防水帆布罩住教堂屋顶的工作，而几小时之后，狂风暴雨就袭击了巴黎。

菲利普·维伦纽夫非常担忧屋顶北面的山墙。原来由一根 350 吨重的墩柱支撑着木制屋顶，现今大部分屋顶不存，孤立的墩柱很有可能倒向北面的山墙，使其坍塌。如果山墙向内坍塌，将可能牵连北面玫瑰花窗一起垮掉，而山墙向外倾倒，将撞到对面一栋建于奥斯曼时代的 5 层建筑物，它就在圣母院修道院街北侧。作为经验丰富的石匠师傅，迪迪尔·杜让德告知维伦纽夫，现在只有一个方法能够尽量保护北面山墙：必须减轻建筑结构的负荷，所以要拆除屋顶一尊 1.8 吨的大主教雕像，而为了在作业过程中保护雕像，需要把头和身体先切割分开。消防员起初并不同意这个极其危险的施工操作，随后要求在圣母院修道院街设立一个临时医疗点，以备万一。杜让德顺着螺旋石阶登上高处，监督指挥这次危险的工作。他手下的一名工人乘着起重机的吊篮升至56米高的地方，用电锯切割雕像，6小时后才最终完成。一阵微风就可能引发意外，后果将不堪设想。"我感觉自己一下子衰老了10岁。"杜让德也是紧张万分，事后吐露了当时的心情。随后，从比利时运来了一些加固南北两面山墙的18米长的木梁，这是他们当时可以找到的距离最近、用时最短、符合条件的木料了。

连接两座塔楼的西面山墙和怪兽走廊则是另一种情形。20多米高的火焰一度吞卷着石墙好几个钟头，让墙体石块变成了美丽的粉红色，而一些天使雕塑则在高温中受热破裂。"末日审判"大门上方的天使雕塑碎裂为两半，只得移除。很多怪兽雕塑从头到脚用东西固定了起来，另外很多用新鲜灰泥和玻璃纸包裹，被拆下后存放在设在前院广场的简易库房里。

南面山墙石头结构的坚固程度同样被大火高温和消防用水大大削弱。实验室将分析它们的化学成分和坚硬度是否能够继续使用，因为在高温下它们的矿物成分或许已经改变，乃至内部破裂和变质。"如果石材的核心完好无损，即使呈现粉红色，也可继续使用。"青睐于"不改变原状修复"的维伦纽夫这样解释。他注意到，中殿的两根墩柱必须立即用铜箍箍紧，因为柱体上到处可见裂隙，极有可能受压过大而崩裂倒下。他还告知工人们要把每一块彩绘玻璃嵌板取下，然后转移到安全地带存放。

多达150多位能工巧匠加班加点，开始抢险加固圣母院，然而，同一时间需要紧急修缮的地方太多，工程量太大，人手依然捉襟见肘。6 台机器人加入队伍中，两台用来清扫，4 台安装着钳子机械手，它们每天在中殿工作 10 小时，搜集整理烧焦的碎片残骸，每一个碎片都要检查、分类、编号和保存，再由两支队伍进行进一步的分析鉴别。一队是司法专家，进行刑事侦查，查明火灾原因；而另一队是考古学家以及研究石头、金属、木头和玻璃方面的专家，进行修复工作。菲利普·维伦纽夫提醒他的队员："我们要保留每一个石块，将符合要求的石料再次利用。"

鉴于圣母院的建造方式，菲利普·维伦纽夫必须同时考虑其错综复杂的建筑结构的不同构架要素。"我们的女士"这类哥特教堂并不依靠厚实沉重的墙体作为支撑，而是采用拱肋、圆柱和墩柱等构造令穹顶的压力得以分散，将压力转移到高侧窗部分的墙体，外部的飞扶壁则提供反压力，这样，建筑本体就处于不断平衡的力之中，墙壁的受力减轻。尖塔和屋顶专门用沉重的铅来覆盖，就是为了结构的整体安全，而尖塔和屋顶的意外焚毁，恰恰危及了圣母院的整体结构和整个建筑。

初步的加固方案很快确定：在教堂外面 28 个飞扶壁（作用于唱诗堂的 14 个，作用于中殿的 14 个）下方用木制拱支架来加强支撑，就像添加一个外骨骼系统一样。如此一来，即使教堂拱顶垮掉，墙体因为有飞扶壁的反推力也不会坍塌。此外，这些木制拱支架还可以支撑未来设置的巨型保护罩棚，就像搭起一把巨大的"雨伞"，防止雨水灌入屋顶倒塌而造成的裂洞中，这一临时举措将持续到圣母院修复完成。

加固巴黎圣母院、维持其结构稳定，所有这一切都是在与时间赛跑，花销定然不菲。工人工资和建筑材料费用需要及时拨付，可是文化部的基金账户很快消耗一空。众多小额捐赠汇集的8000万欧元也坚持不了多久。2019年7月2日，菲利普·维伦纽夫邀请弗朗索瓦·皮诺来见证第一根木拱支架的安装施工。"我当时拍了很多照片，可是它们全都模糊不清。我太担心了，双手不停颤抖，根本没办法让相机聚焦。"维伦纽夫两周后回忆说。第一个8吨重的木拱用起重机升到40米高，在攀爬作业人员的帮助下安装到位。看到工人娴熟的技能和不怕危险的奉献精神，弗朗索瓦·皮诺同意直接转入基金账户1000万欧元。尽管捐赠协议还没有签署，但是他理解工程的急迫性。伯纳德·阿尔诺同样通情达理，直接转账1000万欧元，以应对急剧攀升的工程费用。

众多建筑师、工程管理人员和石匠师傅不分昼夜地护理圣母院内外的伤口，这一切并不为人所知。然而，各种荒诞不经、吸引眼球的新尖塔设计方案铺天盖地，占据着世界各地的社交媒体和报纸等资源。法国总统决定，5年内要将圣母院重建得"比之前更加壮美"，这一决定着实让人钦佩，它还促发了大众狂热的想象。次日，法国总理爱德华·菲利普宣布，法国将举行国际性建筑设计比赛，目的是赋予圣母院一个新尖塔，"以适应我们时代的新技术和挑战"。进一步迎合公众的狂热，几乎发展成一种全民歇斯底里的精神状态。

对于圣母院屋顶，法国一家公司设想建造成一个巨大的温室，而另一家公司构想建成一个露天平台，上面是郁郁葱葱的树林，很多濒危动物快乐地生活在其中。瑞典一位建筑师提议建成一个十字形游泳池，池水由雨水转化而来，再加上一个玻璃温室——当然，所有的设计都符合环境友好这一准则。对于中央尖顶，争论焦点在于它的建筑材料：水晶，玻璃，或者钛合金，还有人认为根本不应该重建它，只以一道直射天空的光束代替即可。至于它的形状，很多设计师认为不必使用尖形。

法国设计师马修·勒阿内（Matthieu Lehanneur）也认为自己应该出一份力，不无讽刺的是，他在 Instagram 上分享了一张自己设计的教堂屋顶和尖顶——利用碳纤维材料制作的一堆100 米高的巨大火焰，外面覆盖着金色叶子。马修·勒阿内自称是以挑衅的方式来颠覆传统的尖顶形态，这被很多人视为完全的无知和对圣母院的亵渎，在网络和媒体上引起轩然大波。当今国际上最杰出的建筑大师之一，诺曼·佛斯特（Norman Foster）一方面认为最好不要加入这场纷杂狂乱的论战中，另一方面却宣称："新尖塔应该是当代风格和极具灵性的。"这是一种暧昧含糊的立场。

几个月后，回头再看这次甚嚣尘上、热闹无比的设计风潮，不难发现，它其实是一场悲剧之后歇斯底里的精神宣泄。马克龙总统承诺在 5 年内就把她重建得"比之前更加壮美"的这一决策，一定也不例外。毋庸置疑，火浴教堂的惨状和目睹尖塔陷落，促使总统和政府说出了那番话。精神分析学家称之为"宣泄"，将那种噬骨摄魄的恐惧和焦虑，以及折磨我们几个小时的极度压抑的情感发泄出来。因为我们曾经眼睁睁地看着它熊熊燃烧，惧怕着最坏的结果，然而却又无能为力。

但是，为了迎合当代风格，各种异想天开、奇形怪状的新尖顶和屋顶设计夺人眼球，层出不穷，令法国公众舆论更为纷乱不堪，使现代与古代之间无休止的战争继续发酵和延续。根据法国保守派纸媒《费加罗报》（Le Figaro）的民调显示，55%的受访民众希望恢复它原来的样子，72%的受访者反对政府提出的《巴黎圣母院紧急重建法案》（Notre-Dame Emergency Act）。这项法案4月24日提出，旨在加速圣母院重建，它允许工人跳过一些普通的翻修程序。然而，法国对历史遗迹的修复是非常严格和漫长的过程。反对者认为，应该采取仔细商讨和深思熟虑的重建方案，不能一味追求重建速度。

*

法国政府成立了一个专门来监督"这个世纪的建筑工地"的公共机构。马克龙总统必须挑选一位精兵强将来领导这个部门，并确保议会通过这个紧急议案，因为重建工程耽搁不起。

当务之急是遴选领导重建工程的人选，这个人需要协调和监督所有参与的政府部门，还有数千名技术人员、专家、艺术家，以及施工公司，确保这项重要的和历史性的工程顺利推进。法国总统希望任命的总负责人具有天然的和道德的领导能力，是具备历史、宗教和艺术知识的学者，还应是一位虔诚的天主教徒。退休几年的法军原总参谋长让－路易·乔治林（Jean-Louis Georgelin）将军，无疑是一个完美的人选。4 月 18 日，乔治林被任命为"法国总统特别代表"，并在爱丽舍宫分配有一间小型办公室，与总统相隔不远。法国文化部感到自身被排除在决策核心之外，愤愤不平。然而，作为一名实干家和在诸多方面与拿破仑有相似之处的年轻领导人，马克龙总统凭直觉认为，当前最需要的是一种军人精神，因它正好契合重建圣母院的目标，况且他还亲眼见识了巴黎消防员严谨、英勇和无畏的军人素养和精神气质。因此，至少在精神上，马克龙总统愿意与军队及政府一起拯救圣母院——法兰西民族的象征，这将是一个具有重要历史意义的决定。

《巴黎圣母院紧急重建法案》的通过用了三个月的时间，国民议会和参议院对原法案进行了明智的修订和增补，使其显得不那么"例外"，并重申法案的执行需要遵守现有的程序，尊重文物建筑委员会的主任建筑师和国家建筑与遗产总监的专业知识和建议。由此可见，用生活着野生动物的森林屋顶取代圣母院原屋顶的构想，可能不会实现。不过，议会批准了新成立一个由乔治林领导的公共机构，而教会和主任建筑师在该机构中都有发言权。

　　然而，圣母院的重建工程远远超出了建筑学范畴，它提出的种种具有挑战性的棘手问题，为法国民族提供了一个拷问自身的机会。大灾大痛通常引发根本性的反思，并带来复兴的机遇。负责圣德尼和莫城（Meaux）几处哥特教堂维护和修缮的主任建筑师雅克·穆兰（Jacques Moulin）认为，是时候重新思考如何更好保护这些具有重要历史意义的古迹了。在他看来，只有火警探测器是远远不够的，法国文化部建筑与遗产司必须同意为这些古迹安装自动灭火装置和防火墙等防火措施。"具有中世纪木梁屋顶的教堂在法国还有十几座，好几座比巴黎圣母院还要古老。我们不能再失去一个了。我们必须吸取教训，行动起来，适时改进，防止火灾再次发生。"仓库等很多场所早就配备火灾自动报警、自动喷水灭火系统，还通过降低被保护区域的氧气含量而从一开始就让火灾无法发生。然而，国家遗产保护部门一直不同意为文物建筑安装大型完备的防火灭火消防系统。"我们必须为历史古迹安装主动防火系统，时不我待，迫在眉睫。"穆兰提议道。不能总是依靠消防员用生命来守护它们。

　　穆兰还提出了另一问题，即法国天主教会每次都会倨傲地驳回一个建议：在具有重要建筑艺术和历史意义的圣母院及其他教堂收取门票费用，用于建筑的日常维护。法国天主教会总是以宗教大义来拒绝这个提议：教堂作为上帝在尘世的圣所，应该向所有人开放，进入教堂是我们领受上帝恩典的机会，任何人都可以进入教堂。不过，欧洲一些国家的教会在现实中已不再坚守这个传统，而只作为一种精神上的提倡。在意大利，游客要进入在艺术和建筑上具有重要影响的教堂，就必须支付几欧元的门票费用，而宗教仪式的参礼者或信众可以不用购票。法国天主教会总是回应称，1905年《政教分离法》之前所建的教堂，其所有者是国家而非教会，因此保全、修缮和修复的费用理应由政府承担。

1905年《政教分离法》极大地削弱了法国天主教会。教会更倾向于对这些不再属于自己的文物建筑摆脱义务。作为教堂的使用者，法国教会行为倨傲，所有修缮事宜均依赖国家，宣称自身只关注灵魂的拯救。在雅克·穆兰看来，"教会的这番作为被证明是一种战略失误"。如果法国天主教会要求参观圣母院的1400万游客购买几欧元门票的话，这项收入可以作为维护修缮的资金。毕竟，房屋的使用者也有自身的义务。

新一代的神职人员能够展现出新颖成熟的理念吗？44岁的吉勒斯·德鲁安（Gilles Drouin）神父认为可以讨论这些议题。他是巴黎大主教委任的监督"圣母院宗教仪式和规划过程"的高级教士。作为研究18世纪法国建筑和宗教仪式的博士，德鲁安神父似乎是负责重新利用大教堂的一个适合人选，不过这得等到它为宗教仪式再次开放的时候，这是乔治林将军和菲利普·维伦纽夫等每个人的期盼。

德鲁安神父认为："教会正经历有史以来最严重的危机之一。

不独巴黎圣母院，而是一个普遍存在的问题，即现如今，我们想赋予信徒什么样的教堂体验？"850年里，巴黎圣母院第一次关闭，即使这座宏伟建筑一经确认安全（虽然缺少部分屋顶却安然无恙）之后就重新开放，也要花费很多年来重新规划游客进入教堂的方式。德鲁安神父欢迎这种重大挑战。而且，这是一个难得的面对和解决很多问题的良机，而它们多年来一直损害着圣母院的声望：在教堂前院排队的游客一眼望不到头，严重阻塞巴黎的交通；大门口安检耗时太长，方式不当；教堂内售卖廉价纪念品的商铺令人反感——诸如此类让人不愉快的事情数不胜数。这种问题需要被彻底解决，解决方式可以有多种选择。

例如，可以利用教堂前院广场空闲的地下停车场开辟一条游客通道，通道两边可以设置商店和其他设施，地下其他区域可用来展示对教堂地下室的考古成果，当然这些需要一个全面的评估。还可以在巴黎圣母院对面，原主宫医院未被占用的区域，建造一座博物馆。米兰大教堂（Duomo di Milano）博物馆就坐落于大教堂附近不远，为理解和学习它的历史提供了一个很好的机会。几百年间，圣母院无数的艺术珍品散落于法国各地不同的博物馆，而在巴黎却缺少一个专属的场所进行展示，阿德里安·戈茨等很多历史学家已经为之奔走呼告了好几年。

对于巴黎等繁华城市中的贫困阶层，和大都市中心社会学上的变化，德鲁安神父也有自己的思考："此类宗教场所变得有些陌生，令人不能亲近，这样下去，教堂就失去了它本来的意义。"巴黎人必须能够随时方便地进出圣母院，就如他们去其他教堂一样。而且，城市赤贫者应该可以在圣母院吃上一碗热饭，就像在巴黎圣厄斯塔什教堂（Saint-Eustache）一样。自1984年以来，从11月初到来年3月末的每天晚上7点，圣厄斯塔什教堂，这座15世纪的建筑瑰宝会为每位求助者无条件提供一碗热汤，来者不拒。

文物建筑主任建筑师也有类似的想法，他们极少孤立地看待这些文物建筑，而是把教堂、周边环境、神职人员和信徒视为一个整体，缺一不可。皮埃尔-安东尼·葛提尔（Pierre-Antoine Gatier）为巴黎圣母院痛惜不已，直到现在依然没有缓过神来，所以不愿深谈她，而是提起了他正在修复的另一个圣母院：无家可归者与所有人的圣母礼拜堂（Notre-Dame-des- Sans-Logis-et-de-Tout-le-Monde）。这位"我们的女士"1957年建造在巴黎东郊的贫民区，于2016年被政府列入保护清单。在当时，这个贫民窟居住着来自世界各地的难民和新移民。约瑟夫·赫忍斯基神父（Joseph Wresinski）1956年来到这个贫民窟，他深信，这些赤贫者虽然衣不蔽体，生活悲惨，却拥有欣赏美好事物的一切权利。他发起建造了一座尖顶小屋形状的礼拜堂，向中世纪基督教建筑致敬。不过，它是用纤维水泥和从废品废料中回收的材料修建的。地板由鹅卵石砌成，而彩绘玻璃窗则由法国著名的抽象表现主义绘画家让·巴赞（Jean Bazaine）手工制造。

圣母院火灾发生几天后，即 4 月 21 日和 22 日，斯里兰卡（Sri Lanka）几处教堂发生炸弹袭击，几百名基督教徒在参加复活节圣周弥撒时遭到屠杀，不过这个消息没有像巴黎圣母院那样登上全世界报纸的头版头条。这令葛提尔在内的很多人感到很困惑，因为在葛提尔这样热爱建筑和充满人道主义思想的建筑师看来，世界上本不应该存在这些等级差异。

＊

当问起是否信仰宗教时，菲利普·维伦纽夫称自己是"诙谐者"（Joker）。在法国，谈论性比谈论宗教要容易得多。宗教被视作一种个人的精神体验，局限于私人领域。在很多家庭，孩子不知道父母是否信仰宗教。法国社会的普遍共识是，宗教不再影响国家理政和城市生活。1905 年《政教分离法》捍卫了年轻的共和国，让它从几百年间一直支配和限制法国社会的神权中解脱出来。它驯服了法国天主教会，稳固了现代的共和政体。政教分离被视为无神论者与宗教信徒、种族与种族之间和谐共处的基石之一。然而，晚近出现的天主教、伊斯兰教和犹太教等各种形式的宗教原教旨主义复苏和回潮，严重地考验着法国社会的世俗性质。最近 30 年里，很多社会群体受少数狂热分子的操纵，以自身宗教信仰为借口，不断要求打破常规。既要保证社会的融洽，又要坚守民族的精神，法兰西第五共和国发现自己时常处于竭尽全力却黔驴技穷的境地。

然而，圣母院火灾也考验着法国人的决心和毅力。这场悲剧显示，这个坚定的世俗国家牢牢地根植于它的历史，即基督教历史中。这只是一个简单的事实，即无须批判，也无须庆贺。这让很多法国民众大为震动，他们天主教氛围的家庭背景和自由的观念已经完全被埋葬在深厚的世俗主义和不可知论的土壤中。巴黎圣母院，这个兼具神圣性和世俗性的场所，以意外和强有力的方式提醒了民众自己的本源。

在法国，倘若问一个人是否信仰宗教，他回答是一个"诙谐者"的话，这往往表明他们的确相信超然性，并且认为这个问题相当复杂且关涉隐私，他们并不愿意告诉一个陌生人。菲利普·维伦纽夫的回答表明他把圣母院的美看作是一种超自然的体验。奥利弗·拉特利对这个问题的回答是："艺术家和音乐家，时常与比自身更高层次的形态有联系。如果你非要说一个名字，可以称他为上帝。一位音乐家是连接两个维度与空间的介质，其中一头是人。在演奏大管风琴时，我经常感到好奇，自己真的是演奏这个音乐的那个人吗？一定有什么别的存在。"

后　记

　　自 2019 年 4 月 15 日夜，遭受厄运的巴黎圣母院得到了悉心照料，很多政府部门和专业人士行动迅速，奋不顾身，展示了无私无畏和乐于奉献的精神。他们必须克服重重障碍，完成很多工作，比如关闭这座建筑，改造更新整个西岱岛，加固教堂的主体结构，逐步消除引发坍塌的各种隐患，让关心和担忧圣母院的所有人放下心来。2019 年 11 月 1 日，让 - 路易·乔治林将军领导的新机构从巴黎市政当局手中接过指挥权，开始全权负责大教堂受灾之后的维护和重建工作。现如今，乔治林将军监督和指导这个法国媒体称之为"世纪性的建筑工地"，而法国总理在大火后开展的新尖塔国际建筑设计比赛，充其量就是"好心办坏事"，现在已经成为一个遥远的回忆。最近新冒出来的一个观点，是让法国人民投票决定新尖塔的形式。负责重建的建筑师菲利普·维伦纽夫已经提前说明，他将不会设计一个当代版的尖塔。而乔治林将军一如既往的性格强硬、直言不讳，他对维伦纽夫的回应具有军人风格："我已经跟他解释过很多次了，如果需要的话，我可以再说一次：他应该闭嘴。我们必须沉着冷静地向前推进，这样才能明智地为巴黎圣母院、为巴黎、为世界做出最佳选择。"

很明显，这两个人都对圣母院充满了热情，爱之深急之切，他们只是各自用自己独特的方式，而不是高卢人的风格来表达。毋庸置疑，在今后几年的重建过程中，在私人捐赠和更重要的修复文物建筑的方式上，将会有更多小规模冲突与公开的争吵、论战。乔治林将军及其所领导的十三人委员会将直接向法国总统汇报，它的成员主要来自中央政府、文物建筑委员会、法国教会、巴黎市政当局，以及分别代表科学家、审计员和捐赠者的三位相关人士。随后，一切顺利的话，希望法国人民也将拥有发言权。

与同时代其他所有教堂不同，巴黎圣母院不以富丽堂皇的装饰吸引和震撼信徒，也不像著名的历史建筑一样，充满着铺张奢华的细节。恰恰相反，它的形体是朴质无华的，它的线条是庄严肃穆的，它的整体统一性让来访者驻足凝望。就如弗朗索瓦·西奥多·德·乔里蒙特（Francois Théodore de Jolimont）1832 年所描述的：

　　站在它面前，第一感觉不是惊讶，不是兴奋，亦不是看到令人难以置信、非同凡响的大型建筑物时经历的那种原始情感。圣母院从不迎合观者的想象。我们冷静地凝视着她，感叹着她的宏大气势，享受着她所有的和谐：我们的心灵为之折服、赞叹！

巴黎圣母院给人的感觉是敬畏，而不是激动。法国人或许希望继续这种敬畏之感，因为她不仅仅是人民的宫殿，还是巴黎跳动的心脏。850 年间，法兰西的荣光和血泪、胜利和灾难，在穹顶之下回荡不息。850 年间，法兰西人民为死亡、为警示、为欢欣而敲响的钟声余音绕梁。无神论者和信众在这里能够找到相同的记忆，因为它们是法国民族的集体记忆。巴黎圣母院属于每一个法国公民，每个人都希望对她的未来拥有发言权。

那是很多巴黎人盼望已久的时刻，也是建筑师菲利普·维伦纽夫时常梦想的时刻。当尖塔倒塌时，96 米高的塔尖上的铜制公鸡风向标也掉了下来。它不像由木料和铅砖所构成的尖塔其余部分那样四分五裂，而是像一个明亮的球一样划过天空，坠向地面，然而却没有裂开。拂晓时，维伦纽夫在圣母院修道院街的废墟里找到了这个破损的公鸡风向标。里面保存的巴黎守护者圣日内维埃芙的圣物完好无损。维伦纽夫随后明白了，只有当这只公鸡重新站立在圣母院塔尖时，他修复圣母院直至她重回昔日荣光的工作才算圆满。巴黎翘首以盼。

致　谢

　　2019 年 4 月 15 日，一个让历史铭记的日子。当晚，巴黎圣
母院陷于火海，30 分钟之内，身遭不幸。同时，这也是天涯共
此时的一刻，全世界感同身受，与我一起悲悼。而那些来自世
界各地总是不离不弃的挚友和同仁又让我感到无比温暖。在此，
特对他们致以真诚的感谢：当时在加利福尼亚的艾伦·里特尔
（Allan Little），华盛顿的苏珊·克兰皮特（Susan Clampitt），
洛杉矶的谢恩·丹尼尔森（Shane Danielsen）、西蒙·特利文（Simon
Trewin）、法拉·纳耶里（Farah Nayeri）、彼得·苏哲斯基和伊
罗娜·苏哲斯基（Peter and Ilona Suschitzky），伦敦的尼古拉斯·
肯特（Nicolas Kent）、比尔·斯文森（Bill Swainson），马德
里的佩德罗·乌里奥尔（Pedro Uriol），广岛的多米尼克·朗柏勒
（Dominique Lempereur）、Ion Babeanu，巴黎城内的索菲亚·阿
拉姆（Sophia Aram）、菲珂拉·吉本斯（Fiachra Gibbons）、
博林·多万（Pauline Dauvin），以及伯努瓦·康比亚尔（Benoit

Cambillard），天不亮就给我打来了电话。肯·洛奇（Ken Loach）发来短信，诉说了他的震撼和感受："站在巴黎圣母院内，我时常深受感动，因而我猜您肯定也是如此。"

陌生人的善良和仁慈常常出其不意，又让人感动。三天后，威尼斯街头的一位小贩知道我是巴黎人后，走过来对我说："看到她在燃烧，我感觉痛入心扉。"感谢所有人的体贴和安慰。

倘若没有各位建筑师、艺术史家、作家、烘焙师、教师、神职人员、养蜂人、大使和将军的友情帮助和专业知识的指导，本书将不可能成文。行文至此，我要特别向他们表示衷心的感谢，他们是让-克劳德·加莱将军，伯努瓦·德·辛讷提蒙席，文物建筑主任建筑师菲利普·维伦纽夫、雅克·穆兰、皮埃尔-安东尼·葛提尔，玛丽-海伦·迪迪埃，菲利普和赛希尔·德·科斯-布里沙克（Philippe and Cécile de Cossé-Brissac），吉勒斯·德鲁安神父，作家兼登山爱好者希尔凡·蒂松，艺术史家阿德里安·戈茨，养蜂人席比尔·穆兰，人类学家克劳迪·沃依森奈特（Claudie Voisenat），瑞典驻法大使维洛妮卡-婉达·丹妮尔森女士，最后不能不提（最后但同样重要）新闻记者兼编辑让-多米尼克·莫奇特（Jean-Dominique Merchet）和林登·劳森（Linden Lawson）。

本书涉及时间长、内容庞杂，写作起来着实不易，不过幸好有声名卓著的中世纪史大家乔治·杜比的经典著作供我参考，求证史实，还有意大利文艺复兴时代的作曲家帕勒斯屈那

（Giovanni Pierluigi de Palestrina）动人的音乐时时给我灵感，宽慰我心。

最后要特别感谢一直热心支持我的弗朗索瓦（Francois）、嘉兰丝（Garance）、尼古拉（Nicole）、亨利·路易（Henri Louis）、让－尼埃尔（Jean-Noel）。另外要感谢安吉利可·柯利萨菲（Angélique Chrisafis）花费宝贵的时间陪伴我，一起揪心地看着深陷火海的圣母院。

阿涅丝·普瓦里耶，2019 年 12 月于巴黎

参考书目

书籍及期刊文章

Auzas, Pierre-Marie, *Les Grandes heures de Notre-Dame de Paris* (Paris: Tel, 1951)

Bazoches, Canon Guillaume de, *Éloge de Paris* (c. 1175)

Bercé, Françoise, (ed.), *La Correspondance Mérimée – Viollet-le-Duc* (Paris: CTHS, 2001)

Bercé, Françoise, *Viollet-le-Duc* (Paris: Patrimoine, 2013)

Boulart, Jean-François *Mémoires militaires du général Baron Boulart sur les guerres de la République et de l'Empire* (Paris: Librairie illustrée, no date)

Bove, Boris and Claude Gauvard (eds.), *Le Paris du Moyen Âge* (Paris: Belin, 2014)

Brassaï, *Conversations avec Picasso* (Paris: Gallimard, 1964)

Cazaux, Yves, *Journal secret de la libération* (Paris: Albin Michel, 1975)

Chapuy and F. T. de Jolimont, *Vues pittoresques de la cathédrale de Paris et détails remarquables de ce monument* (Paris: Leblanc, 1823)

Christiansen, Rupert, *City of Light: The Reinvention of Paris* (London: Head of Zeus, 2018)

Constant, *Mémoires intimes de Napoléon Ier* (Paris: Société des publications littéraires illustrées, 1909)

Correspondance de Napoléon Ier publiée par ordre de l'empereur Napoléon III, 32 vols (Paris, 1858–69)

Delpech, David, *La France de 1799 à 1848: entre tentations despotiques et aspirations libérales* (Paris: Armand Colin, 2014)

Didier, Alexandre, 'Les Origines de la municipalité parisienne', *Mémoires de la Société de l'histoire de Paris et de l'Île de France*, 49, 1927

Dubu, M. *Histoire, description et annales de la basilique de Notre-Dame de Paris* (Paris: Ambroise Bray, 1854)

Duby, Georges, *The Age of the Cathedrals: Art and Society 980–1420*, tr. Eleanor Levieux and Barbara Thompson (London: Croom Helm, 1981)

Erlande-Brandenburg, Alain, *Notre-Dame de Paris* (Paris: Nathan, 1991)

Erlande-Brandenburg, Alain, *Le Roi est mort: étude sur les funérailles, les sépultures et les tombeaux des rois de France jusqu'à la fin du treizième siècle* (Geneva: Droz, 1975)

Gaulle, Charles de, *Mémoires de guerre II: l'unité 1942–1944* (Paris: Plon, 1956)

Glass, Charles, *Americans in Paris: Life and Death under Nazi Occupation 1940–1944* (London: HarperPress, 2009)

Goetz, Adrien *Notre-Dame de l'Humanité* (Paris: Grasset, 2019)

Hugo, Victor, *Notre-Dame de Paris*, tr. Alban Krailsheimer (Oxford: Oxford University Press, 1993)

Huysmans, Joris-Karl, *La Cathédrale* (Paris: Tresse & Stock, 1898)

Jordan, David P., *Transforming Paris: The Life and Labors of Baron Haussmann* (New York: Free Press, 1995)

Kennan, George F., *Sketches from a Life* (New York: Pantheon, 1989)

Kraus, Henry, *L'Argent des cathédrales,* tr. Laurent Medzadourian and Dominique Barrios-Delgado (Paris: Cerf, 2012)

Laveissière, Sylvain, *'Le Sacre de Napoléon' peint par David* (Paris: Louvre, 2004)

L'Estoile, Pierre de, *Journal pour le règne de Henri IV, vol. I: 1589–1600* (Paris: Gallimard, 1948)

Mortet, Victor, *Maurice de Sully, évêque de Paris 1160–1196: étude sur l'administration épiscopale pendant la seconde moitié du XIIe siècle* (Paris: 1890)

Nora, Pierre (ed.), *Les Lieux de Mémoire*, 3 vols (Paris: Gallimard, 1997)

Notre-Dame de Paris 1163–1963: exposition du huitième centenaire organisée par la direction des Archives de France à la Sainte Chapelle, juin–octobre 1963. (Paris: Direction des Archives de France, 1963).

Perrot, Alain-Charles, (ed.), *Les Architectes en chef des monuments historiques 1893–1993, centenaire du concours des ACMH* (Paris: HM, 1994)

Pillorget, René, *Paris sous les premiers Bourbons 1594–1661* (Paris: Hachette, 1988)

Prudhomme, Louis-Marie, *Révolution de Paris* (Paris: Imprimerie des Révolutions, 1792), vol. VII

Roberts, Andrew, *Napoleon: A Life* (London: Penguin, 2014)

Robson, C.A., *Maurice de Sully and the Medieval Vernacular Homily* (Oxford: Basil Blackwell, 1952)

Ségur, Louis-Philippe de, *Extrait du cérémonial relatif au couronnement de Leurs Majestés impériales* (Paris: Imprimerie impériale, Frimaire An XIII (1804))

Spitzer, Sébastien, *Dans les flammes de Notre-Dame* (Paris: Albin Michel, 2019)

Tesson, Sylvain, *Notre-Dame de Paris: Ô reine de douleur* (Paris: Équateurs, 2019)

Viollet-le-Duc, Eugène, *Dictionnaire raisonné de l'architecture française du XIe au XVIe siècle*, 10 vols (Paris: A. Morel, 1854–68)

Viollet-le-Duc, Eugène, 'Du style gothique au XIXe siècle', *Annales archéologiques*, 4, 1846

Viollet-le-Duc, Eugène, *Entretiens sur l'architecture*, 2 vols (Paris: Librairies éditeurs, 1863–72)

网站（截至 2019 年 11 月）

https://allo18-lemag.fr/notre-dame-dans-la-peau-du-dessinateur-operationnel/

http://www.compagnie-acmh.fr

https://www.defense.gouv.fr/fre/actualites/articles/le-saviez-vous-la-planche-des-pompiers-de-paris

https://www.elysee.fr/emmanuel-macron/2019/04/15/incendie-cathedrale-notre-dame-de-paris

https://www.europe1.fr/societe/il-est-entre-dans-notre-dame-pendant-lincendie-des-morceaux-de-bois-incandescents-tombaient-un-peu-partout-3893436

https://www.francetvinfo.fr/culture/musique/classique/quot-bach-to-the-futurequot-l-039-organiste-olivier-latry-offre-bach-a-notre-dame-de-paris_3293749.html

https://www.francetvinfo.fr/culture/patrimoine/incendie-de-notre-dame-de-paris/seulement-9-des-promesses-de-dons-pour-notre-dame-de-paris-ont-ete-versees_3488763.html

https://www.ina.fr/audio/PHD86069770

https://www.ina.fr/audio/PHD89000578

https://www.ina.fr/video/I00012416/charles-de-gaulle-video.html

https://www.napoleon-empire.net/chronologie/chronologie-1802.php

https://www.notredamedeparis.fr

https://www.pompiersparis.fr/fr/presentation/historique

报纸及杂志文章

Beaux Arts, hors série: Notre-Dame de Paris, telle qu'on ne la verra plus!, 23 April 2019

Bommelaer, Claire, 'Les Français opposés à une loi d'exception', *Le Figaro*, 9 May 2019

Ducros, Christine, 'Didier Durand, l'artisan devenu sauveur de Notre-Dame', *Le Figaro*, 24 July 2019

Editorial, *Combat*, 25 August 1944

Hurst, Andrew, '"Miracle" as fireman saves Turin shroud', *Independent*, 13 April 1997

Marshall, Alex, 'Notre-Dame musicians rejoice that the cathedral's organ was spared', *New York Times*, 24 April 2019

Remy, Vincent, 'Notre puissance technique nous rend très vulnérables', *Télérama*, 24 April 2019

Sartre, Jean-Paul, recollection, *Combat*, 2 September 1944

广播

Racines et des Ailes: les 850 ans de Notre-Dame, France 3, March 2013

注 释 [1]

除另有说明的内容外，所有法语译文均由阿涅丝·普瓦里耶翻译。

序言

1. Parvis: a court or portico in front of a building. According to the *OED*: Late Middle English from Old French, based on late Latin *paradisus* ('paradise').
2. Brassaï, *Conversations avec Picasso* (Paris: Gallimard, 1964), p. 232.

2019 年 4 月 15 日，大火当夜

1. According to Canon Guillaume de Bazoches in *Eloge de Paris*, written around 1175.
2. https://www.notredamedeparis.fr.
3. Monsignor Benoist de Sinety, interview with the author, 11 July 2019.
4. Marie-Hélène Didier, interview with the author, 23 July 2019.
5. http://www.compagnie-acmh.fr.
6. Alain-Charles Perrot (ed.), *Les Architectes en chef des monuments historiques 1893–1993, centenaire du concours des ACMH:* (Paris: HM, 1994).

---

1. 此注释为英文原版书中内容，原样照录。为了不影响阅读体验，不再在正文中进行标注。

7. Pierre Cochereau was Notre-Dame's leading organist between 1955 and 1984. He is considered the twentieth century's best organist. Today three organists share the position: Olivier Latry, Vincent Dubois and Philippe Lefebvre.

8. 'La cathédrale en chiffres', Notre-Dame de Paris website, https://www.notredamedeparis.fr/la-cathedrale/les-informations-insolites/la-cathedrale-en-chiffres (accessed 18 November 2019).

9. Philippe Villeneuve, interview with the author, 24 July 2019.

10. General Jean-Claude Gallet, interview with the author, 22 July 2019.

11. 'Historique', Brigade de Sapeurs-Pompiers de Paris website, https://www.pompiersparis.fr/fr/presentation/historique (accessed 18 November 2019).

12. Women account for three percent of the Paris fire brigade.

13. Aude Borel, 'Le saviez-vous? La planche des pompiers de Paris', Ministère des Armées website, 27 July 2016, https://www.defense.gouv.fr/fre/actualites/articles/le-saviez-vous-la-planche-des-pompiers-de-paris (as at August 2019).

14. Adrien Goetz, *Notre-Dame de l'Humanité* (Paris: Grasset, 2019), p. 8.

15. Ibid., p. 9.

16. Ibid., p. 10.

17. Sébastien Spitzer, *Dans les flammes de Notre-Dame* (Paris: Albin Michel, 2019), p. 63.

18. Brigade de Recherche et d'Intervention.

19. 135,000 *livres tournois*, or half the royal wealth.

20. Laurent Prades, interview with the French radio station Europe 1, 17 April 2019. Interview available at https://www.europe1.fr/societe/il-est-entre-dans-notre-dame-pendant-lincendie-des-

morceaux-de-bois-incandescents-tombaient-un-peu-partout-3893436 (accessed 18 November 2019).

21. Spitzer, *Dans les flammes de Notre-Dame*, p. 151.

22. '"All appeared to be lost. Pieces of the Guarini chapel were crashing down and there was a serious danger that it would bury everything – the casket, the altar and all of us," Trematore later explained. So he went in.' Andrew Hurst, '"Miracle" as fireman saves Turin shroud', *Independent*, 13 April 1997.

23. Spitzer, *Dans les flammes de Notre-Dame*, p. 140.

24. As narrated by Laurent Clergeau in the Paris fire brigade's online magazine, *Allo Dix-huit*, https://allo18-lemag.fr/notre-dame-dans-la-peau-du-dessinateur-operationnel/ (accessed 19 November 2019).

25. General Jean-Claude Gallet, interview with the author, 22 July 2019.

26. Ibid.

27. Spitzer, *Dans les flammes de Notre-Dame*, p. 132.

28. Ibid., p. 133.

29. General Jean-Claude Gallet, interview with the author, 22 July 2019.

30. Goetz, *Notre-Dame de l'Humanité*, p. 10.

31. 'Cette cathédrale Notre-Dame, nous la rebâtirons', Élysée website, 15 April 2019, https://www.elysee.fr/emmanuel-macron/2019/04/15/incendie-cathedrale-notre-dame-de-paris (accessed 19 November 2019).

32. Goetz, *Notre-Dame de l'Humanité*, p. 12.

33. Marie-Hélène Didier, interview with the author, 23 July 2019.

34. General Jean-Claude Gallet, interview with the author, 22 July 2019.

1163 年，第一块基石

1. '*Si ce monument est un jour achevé, aucun autre ne pourra lui être comparé.*' Robert de Thorigny was a Norman monk, counsel to Henry II of England and the abbot of Mont-Saint-Michel in Normandy between 1154 and 1186.

2. Henry Kraus, *L'Argent des cathédrales*, tr. Laurent Medzadourian and Dominique Barrios-Delgado (Paris: Cerf, 2012), p. 25.

3. Boris Bove and Claude Gauvard (eds), *Le Paris du Moyen Âge* (Paris: Belin, 2014), p. 7.

4. Roughly today's 1st, 4th and 5th arrondissements.

5. Only officially in 1312, according to Kraus in *L'Argent des cathédrales*, p. 25.

6. Bove and Gauvard, *Le Paris du Moyen Âge*, p. 24.

7. Ibid., p. 26.

8. Alexandre Didier, 'Les Origines de la municipalité parisienne', *Mémoires de la Société de l'histoire de Paris et de l'Île de France*, 49, 1927, p. 266.

9. Kraus, *L'Argent des cathédrales*, p. 27.

10. Georges Duby, *The Age of the Cathedrals: Art and Society 980–1420*, tr. Eleanor Levieux and Barbara Thompson (London: Croom Helm, 1981), p. 112.

11. Ibid., p. 93.

12. Ibid., p. 112.

13. Pierre-Marie Auzas, *Les Grandes Heures de Notre-Dame de Paris: huit siècles d'histoire dans la plus célèbre cathédrale de France* (Paris: Tel, 1951), p. 15.

14. Kraus, *L'Argent des cathédrales*, p. 10.

15. Ibid., p. 37, quoting Victor Mortet, *Maurice de Sully, évêque de Paris 1160–1196: étude sur l'administration épiscopale pendant la seconde moitié du XIIe siècle* (Paris: 1890).

16. Alain Erlande-Brandenburg, *Notre-Dame de Paris* (Paris: Nathan, 1991), p. 50.

17. Obituarium no. 252, quoted in Kraus, *L'Argent des cathédrales*, p. 36.

18. Obituarium no. 214, quoted ibid., p. 36.

19. Ibid., p. 37.

20. Ibid., p. 31.

21. Ibid., p. 43.

22. See C.A. Robson, *Maurice de Sully and the Medieval Vernacular Homily* (Oxford: Basil Blackwell, 1952), pp. 110–13, quoted in Kraus, *L'Argent des cathédrales*, p. 34.

23. Kraus, *L'Argent des cathédrales*, p. 42.

24. Duby, *The Age of the Cathedrals*, p. 94.

25. Kraus, *L'Argent des cathédrales*, p. 39.

26. Duby, *The Age of the Cathedrals*, p. 95.

27. Ibid., p. 155.

28. Pierre Nora (ed.), *Les Lieux de mémoire* (Paris: Gallimard, 1997), vol. III, p. 4185.

29. It is now at the British Museum. Alain Erlande-Brandenburg, *Le Roi est mort: étude sur les funérailles, les sépultures et les tombeaux des rois de France jusqu'à la fin du treizième siècle* (Geneva: Droz, 1975), p. 42.

30. Sylvain Tesson, *Notre-Dame de Paris: Ô reine de douleur* (Paris: Équateurs, 2019), p. 39.

31. Erlande-Brandenburg, *Notre-Dame de Paris*, p. 65.

32. Ibid., p. 50.

33. The baptistery is mentioned in the sixth-century *Vie de Sainte-Geneviève*. Saint Genevieve is reported to have sought shelter in the baptistery in 451 when the town was under attack from Attila.

34. Erlande-Brandenburg, *Notre-Dame de Paris*, p. 54.

35. Ibid., p. 43.

36. Ibid., p. 46.

37. Ibid., p. 46.

38. Ibid., p. 54.

39. Ibid., p. 78.

40. Ibid., p. 78.

41. Ibid., p. 80.

42. Duby, *The Age of the Cathedrals*, p. 147.

43. Nora, *Lieux de mémoire*, vol. III, p. 4185.

44. Alain Erlande-Brandenburg, 'Une tête de prélat provenant du portail du Couronnement de la Vierge à NDP', *Revue du Louvre et des musées de France*, 1986, pp. 186–91.

45. Chapuy and F.T. de Jolimont, *Vues pittoresques de la cathédrale de Paris et détails remarquables de ce monument* (Paris: Leblanc, 1823), p. 5.

46. Duby, *The Age of the Cathedrals*, p. 111.

波旁王朝（1594—1638 年）

1. Wrongly attributed to Henri IV, the saying is first mentioned in 1622 in the satirical *Les Caquets de l'accouchée* and put in the mouth of the Duke of Sully. Nonetheless, the expression, still used today, means that Paris (i.e. power) is well worth the sacrifice of attending a Mass (and by extension a conversion to Catholicism).

2. René Pillorget, *Paris sous les premiers Bourbons 1594–1661* (Paris: Hachette, 1988), p. 12.

3. Pierre de L'Estoile's diary of the time provides an invaluable source on the events described in this chapter. Pierre de L'Estoile, *Journal pour le règne de Henri IV, vol. I: 1589–1600* (Paris: Gallimard, 1948), pp. 375–6.

4. Pierre Nora (ed.), *Lieux de mémoire* (Paris: Gallimard, 1997), vol. III, p. 4190.

5. M. Dubu, *Histoire, description et annales de la basilique de Notre-Dame de Paris* (Paris: Ambroise Bray, 1854), p. 42.

理性、最高主宰与葡萄酒

1. Pierre Nora (ed.), *Lieux de mémoire* (Paris: Gallimard, 1997), vol. III, p. 4197.

2. Ibid., vol. III, pp. 4195–6.

3. Louis-Marie Prudhomme, *Révolution de Paris* (Paris: Imprimerie des Révolutions, 1792), vol. VII, p. 487.

4. M. Dubu, *Histoire, description et annales de la basilique de Notre-Dame de Paris* (Paris: Ambroise Bray, 1854), p. 286.

5. Pierre-Marie Auzas, *Les Grandes Heures de Notre-Dame de Paris: huit siècles d'histoire dans la plus célèbre cathédrale de France* (Paris: Tel, 1951), p. 30.

6. Dubu, *Histoire, description et annales de la basilique de Notre-Dame de Paris*, p. 287.

7. Auzas, *Les Grandes Heures de Notre-Dame de Paris*, p. 30.

拿破仑加冕典礼

1. M. Dubu, *Histoire, description et annales de la basilique de Notre-Dame de Paris* (Paris: Ambroise Bray, 1854), p. 292.

2. A movement (1682) of French Roman Catholic clergy that favoured limiting papal control and introducing greater autonomy.

3. Pierre-Marie Auzas, *Les Grandes Heures de Notre-Dame de Paris: huit siècles d'histoire dans la plus célèbre cathédrale de France* (Paris: Tel, 1951), p. 31.

4. Ibid., p. 30.

5. Ibid., p. 31.

6. Dubu, *Histoire, description et annales de la basilique de Notre-Dame de Paris*, p. 293.

7. 'Napoléon & empire: 1802. La paix et le consulat à vie', https://www.napoleon-empire.net/chronologie/chronologie-1802.php (accessed 20 November 2019).

8. Andrew Roberts, *Napoleon: A Life* (New York: Viking, 2014), p. 329.

9. Ibid., p. 331.

10. The final result was 3,572,329 in favour, 2,579 against. Ibid., p. 348.

11. Napoleon, letter to Pius VII, 15 September 1804, in *Correspondance de Napoléon Ier publiée par ordre de l'empereur Napoléon III* (Paris, 1858–69), vol. IX, p. 525.

12. Napoleon, letter to Cambacérès, 21 September 1804, ibid., vol. IX, p. 675.

13. Sylvain Laveissière, '*Le Sacre de Napoléon*' peint par David (Paris: Louvre, 2004), p. 32.

14. Dubu, *Histoire, description et annales de la basilique de Notre-Dame de Paris*, p. 296.

15. Auzas, *Les Grandes Heures de Notre-Dame de Paris*, p. 31.

16. Laveissière, '*Le Sacre de Napoléon*' peint par David, p. 30.

17. Ibid., p. 31.

18. According to Napoleon's manservant, Constant, who wrote about it in his memoirs: *Mémoires intimes de Napoléon Ier* (Paris: Société des publications littéraires illustrées, 1909), p. 242.

19. Laveissière, '*Le Sacre de Napoléon*' peint par David, p. 41.

20. Ibid., p. 50.

21. Jean-François Boulart, *Mémoires militaires du général Baron Boulart sur les guerres de la République et de l'Empire* (Paris: Librairie illustrée, no date), p. 124.

22. Louis-Philippe de Ségur, *Extrait du cérémonial relatif au couronnement de Leurs Majestés impériales* (Paris: Imprimerie impériale, Frimaire An XIII (1804)), section III, p. 1.

23. Dubu, *Histoire, description et annales de la basilique de Notre – Dame de Paris*, p. 296..

24. Ibid., p. 292.

1831 年，维克多·雨果拯救巴黎圣母院

1. Reported in David Delpech, *La France de 1799 à 1848: entre tentations despotiques et aspirations libérales* (Paris: Armand Colin, 2014), p. 132.

2. Victor Hugo, *Notre-Dame de Paris*, tr. Alban Krailsheimer (Oxford: Oxford University Press, 1993), p. 119. All quotes from *Notre-Dame de Paris* in this chapter are taken from this edition.

3. According to Maurice Blanchot in 1943, and quoted by Adrien Goetz in his preface of Victor Hugo, *Notre-Dame de Paris* (Paris: Gallimard, 2009), p. 10.

4. Georges Duby, *The Age of the Cathedrals: Art and Society 980–1420*, tr. Eleanor Levieux and Barbara Thompson (London: Croom Helm, 1981), p. 166.

5. Ibid., p. 184.

1844 年，维奥莱－勒－杜克

1. Viollet-le-Duc, letter to his father, 18 May 1835.

2. Françoise Bercé, *Viollet-le-Duc* (Paris: Patrimoine, 2013), p. 45.

3. Ibid., p. 51.

4. *La Correspondance Mérimée – Viollet-le-Duc*, ed. Françoise Bercé (Paris: CTHS, 2001), p. 53.

5. Eugène Viollet-le-Duc, *Entretiens sur l'architecture* (Paris: Librairies éditeurs, 1863), vol. I, p. 22.

6. Bercé, *Viollet-le-Duc*, p. 58.

7. Eugène Viollet-le-Duc, 'Peinture', in *Dictionnaire raisonné de l'architecture française du XIe au XVIe siècle* (Paris: A. Morel, 1864), vol. VII, pp. 56–109.

8. Bercé, *Viollet-le-Duc*, p. 94.

9. Ibid.

10. Ibid., p. 93.

11. Pierre-Antoine Gatier, interview with the author in Paris, 2 August 2019.

12. Eugène Viollet-le-Duc, 'Du style gothique au XIXe siècle', *Annales archéologiques*, 4, 1846, p. 352.

13. Philippe Villeneuve, interview with the author, 24 July 2019.

14. Rem Koolhaas, interview with the author from Rotterdam, 5 September 2019.

奥斯曼"清理"西岱岛

1. Pierre-Marie Auzas, *Les Grandes Heures de Notre-Dame de Paris* (Paris: Tel, 1951), p. 36.

2. Rupert Christiansen, *City of Light: The Reinvention of Paris* (London: Head of Zeus, 2018), p. 42.

3. Ibid., p. 49.

4. David P. Jordan, *Transforming Paris: The Life and Labors of Baron Haussmann* (New York: Free Press, 1995), pp. 199–202.

5. Pierre Nora (ed.), *Lieux de mémoire* (Paris: Gallimard, 1997), vol. III, p. 4206.

6. Pierre Gatier, architect-in-chief of Historic Monuments, interview with the author in Paris, 2 August 2019.

1944 年，戴高乐与巴黎解放

1. Charles de Gaulle, *Mémoires de guerre II: l'unité 1942–1944* (Paris: Plon, 1956), p. 314.
2. Pierre Nora (ed.), *Lieux de mémoire* (Paris: Gallimard, 1997), vol. III, p. 4206.
3. According to Charles Glass, *Americans in Paris: Life and Death under Nazi Occupation 1940–1944* (London: HarperPress, 2009), p. 1. Nearly 30,000 Americans lived in and around Paris before the Second World War.
4. Ibid.
5. George F. Kennan, *Sketches from a Life* (New York: Pantheon, 1989), p. 74.
6. Pierre-Marie Auzas, *Les Grandes Heures de Notre-Dame de Paris* (Paris: Tel, 1951), pp. 37–8.
7. Agnès Poirier, *Left Bank, Art, Passion and the Rebirth of Paris 1940–50* (London: Bloomsbury, 2018), p. 66.
8. Editorial, *Combat*, 25 August 1944.
9. Yves Cazaux, *Journal secret de la libération* (Paris: Albin Michel, 1975), p. 184.
10. Now avenue du Général Leclerc.
11. Sartre's recollection, published in *Combat*, 2 September 1944.
12. De Gaulle, *Mémoires de guerre*, p. 290.
13. Ibid., p. 304.
14. Ibid.
15. Ibid., p. 306.
16. Audiovisual archives available at https://www.ina.fr/video/

I00012416/charles-de-gaulle-video.html (accessed 22 November 2019).

17. Ibid., p. 307.

18. Ibid., p. 308.

19. Ibid., p. 311.

20. Ibid.

21. Ibid.

22. Ibid.

23. Ibid., p. 313.

24. Interviews of witnesses to the events featured in *Soyez témoins*, a programme presented by André Gillois for France's national broadcaster on the assassination attempt against General de Gaulle on 26 August 1944. Broadcast on 26 January 1956. Available at https://www.ina.fr/audio/PHD89000578 (accessed 22 November 2019).

25. According to Raymond Marcillac, in his report available at https://www.ina.fr/audio/PHD86069770 (accessed 6 December 2019).

26. Ibid.

27. De Gaulle, *Mémoires de guerre*, p. 314.

28. Ibid., p. 321.

29. Ibid.

2013 年，巴黎圣母院的铜钟

1. The Parisian daily newspaper was founded in 1944; it had a circulation of almost 200,000 in 2018.

2. *Beaux Arts, hors série: Notre-Dame de Paris, telle qu'on ne la verra plus!*, 23 April 2019, p. 90.

3. Among the biggest donors were the Bettencourt family and the Sisley Foundation.

4. This one was made in the Netherlands and then sent to Villedieu-les-Poêles, where the other eight bells had been cast. They all departed together to Paris on 31 January.

5. Stéphane Mouton interviewed on *Racines et des ailes: les 850 ans de Notre-Dame*, France 3, March 2013.

6. Victor Hugo, *Notre-Dame de Paris*, tr. Alban Krailsheimer (Oxford: Oxford University Press, 1993), Book VII, Chapter 3, 'The Bells'.

7. Georges Duby, *The Age of the Cathedrals: Art and Society 980–1420*, tr. Eleanor Levieux and Barbara Thompson (London: Croom Helm, 1981), p. 95.

8. Ibid., p. 101.

9. André Chamson, Foreword, in *Notre-Dame de Paris 1163–1963: exposition du huitième centenaire organisée par la direction des Archives de France à la Sainte Chapelle, juin–octobre 1963*. (Paris: Direction des Archives de France, 1963).

10. Veronika Wand-Danielsson, interview with the author at the Swedish embassy in Paris, 23 July 2019.

11. About 100,000 euros.

2019 年，重建圣母院的战争

1. President Macron during his second address to the nation about Notre-Dame, 16 April 2019.

2. Sybile Moulin, telephone interview with the author, 15 July 2019.

3. As he confided to Lorenzo Ciavarini Azzi in January 2019 in an interview available at https://www.francetvinfo.fr/culture/musique/classique/quot-bach-to-the-futurequot-l-039-organiste-olivier-latry-offre-bach-a-notre-dame-de-paris_3293749.html (accessed 25 November 2019).

4. As Olivier Latry confided to Alex Marshall from the *New York Times*. See 'Notre-Dame musicians rejoice that the cathedral's organ was spared', *New York Times*, 24 April 2019.

5. Jean-Claude Aillagon, email interview with the author, 22 July 2019. Mr Aillagon is François Pinault's spokesperson and was culture minister 2002–4.

6. Charitable donations in France normally benefit from a deduction against tax of more than sixty percent. The 'Notre-Dame Law' especially passed in summer 2019 raised this to seventy-five percent for every donation smaller than 1,000 euros given by individuals.

7. See 'Porch of Notre-Dame de Paris', Maisons Victor Hugo website, http://www.maisonsvictorhugo.paris.fr/en/work/porch-notre-dame-de-paris (accessed 25 November 2019).

8. *Le peuple est petit, mais il sera grand.*
   Dans tes bras sacrés, ô mère féconde,
   O liberté sainte au pas conquérant,
   Tu portes l'enfant qui porte le monde.

9. Jean-Claude Aillagon, email interview with the author, 22 July 2019.

10. According to the French public broadcaster France Info on 24 June 2019. See https://www.francetvinfo.fr/culture/patrimoine/incendie-de-notre-dame-de-paris/seulement-9-des-promesses-de-dons-pour-notre-dame-de-paris-ont-ete-versees_3488763.html (accessed 25 November 2019)

11. Monsignor de Sinety, interview with the author in his office, 11 July 2019.

12. In an interview with Vincent Remy, 'Notre puissance technique nous rend très vulnérables', *Télérama*, 24 April 2019.

13. Ibid.

14. Joris-Karl Huysmans, *La Cathédrale* (Paris: Tresse & Stock, 1898).
*À peine jolie, mais si bizarre avec son sourire joyeux éclos sur de mélan-
coliques lèvres! Aperçue d'un certain côté, elle sourit à Jésus, presque
railleuse. [. . .] Regardée d'un autre point, sous un autre angle, ce
sourire, si prêt à s'épanouir s'efface. La bouche se contracte en une appar-
ence de moue et prédit des pleurs. Peut-être qu'en parvenant à empreindre
en même temps sur la face de Notre-Dame ces deux sentiments opposés,
la quiétude et la crainte, le sculpteur a voulu lui faire traduire à la fois
l'allégresse de la Nativité et la douleur prévue du Calvaire.*

15. All the following details are as told by Philippe Villeneuve in an
interview with the author on the site of Notre-Dame cathedral, 24
July 2019.

16. Ibid.

17. Interview with Christine Ducros, 'Didier Durand, l'artisan devenu
sauveur de Notre-Dame', *Le Figaro*, 24 July 2019.

18. Claire Bommelaer, 'Les Français opposés à une loi d'exception', *Le
Figaro*, 9 May 2019.

19. Jacques Moulin, interview with the author at his office, 12 July
2019.

20. Ibid.

21. Father Gilles Drouin, interview with the author at Missions
Etrangères de Paris, 2 August 2019.

22. Drawing on his experience there, Father Wresinski founded the
International Movement ATD Fourth World.

23. Philippe Villeneuve, interview with the author at the cathedral's
reconstruction site, 24 July 2019.

24. As he confided to Lorenzo Ciavarini Azzi in January 2019.

后记

1. 'Chapuy and F.T. de Jolimont, *Vues pittoresques de la cathédrale de Paris et détails remarquables de ce monument* (Paris: Leblanc, 1823), p. 3.

索 引 1

---

1. 本索引中的页码为原书页码，原样保留。

出版后记

　　每一座伟大的城市都有自己的地标级建筑，作为往昔荣耀与历史的见证和殿堂级的存在供人观瞻；甚至有些城市完全是以某一个"大神"级的建筑为世人所知，如果没有一个那样的建筑，我们也许完全就不知道那座城市的大名。当然，也有很多如雷贯耳的超大城市不只有一个这样的建筑，而是有很多彪炳于人类历史的"神迹"，它们就像这个城市的招牌一样吸引着人们去了解和探索。

　　这情形到了巴黎就更是如此——巴黎的知名建筑太多了——凯旋门、埃菲尔铁塔、卢浮宫、圣心大教堂、巴黎歌剧院、杜伊勒里宫。如果移步走出巴黎市区，则又是一片辉煌和荣耀——那铺金流翠的凡尔赛宫、充满皇家豪华和历史掌故的枫丹白露宫……事实上，法国人在历史上的言说系统中就只把全法国分成两个部分，巴黎和外省——所以，我们从某种程度上可以说，法兰西半数以上的辉煌建筑都在巴黎及其周边——

对于法国人和世界上许许多多仰慕法兰西文化的外国人来说，没在巴黎生活过简直就如同完全没有生活过一样。

我在前面特意没有提到这本书的主角——"我们的女士"，如法国人亲切地称呼巴黎圣母院那样。法语中固执地一定要为每一个名词分出阴阳属性，毫无例外，巴黎圣母院肯定是女性。如果只为巴黎选择一个地标级建筑作为其代言——我想它一定是巴黎圣母院，这一点我们外人与法国人应该"所见略同"。这座伟大的建筑自动工之时就修修停停，历时 150 年才大功告成；它从落成之日起就开始见证法兰西的崛起和荣耀，当然也有辛酸与眼泪——有谁比她更能见证法兰西那充满动荡和华彩的昨日辉煌和今日希望吗?

所以，当这座不朽的圣物被熊熊的大火吞噬其俯瞰了巴黎近 160 年的尖顶时，多少法国人痛哭失声、跪地祈祷；本书作者就是在这样的背景下萌生了写作巴黎圣母院前世今生的念头，而我们作为亚欧大陆另一端的出版者也对这一念头心生敬意，在这本书还只是一个写作纲要时就预订下了这本书的中文简体版权。而今，这本书终于呱呱落地，而世界也遭遇了比巴黎圣母院大火严峻得多的挑战和不确定性……

在巴黎的街头游走并徘徊于那些著名的建筑内时，我们经常会比在别的地方更易获得一种感动——这种感动是巴黎的整体氛围给予你的。笔者最后一次游历巴黎圣母院是在 2015 年 10 月初秋，那时在茫茫的人流中，端坐于教堂的木椅上与对面的神龛对视，蓦地似乎于冥冥中有所感悟并写下如下的诗行：

人生的意义——是在路上的漂泊，还是与你的凝视……
答案飘散于你尖顶的风中，答案闪耀于你多彩的窗棂……
我端坐于你的心门，似要化作灰尘……

让我们跟随本书，再做一次神游之旅——伴随着她往昔的荣耀和泪水，以及未来的光明和希冀。

是为后记。

本书策划人　申明
2020 年 11 月 4 日